Reiseführer Vietnam

Der handliche Guide für Backpacker und Individualreisende

Robin Runck

Inhaltsverzeichnis

Vorwort

Mit diesem kleinen Reiseführer möchte ich dem Reisenden nach Vietnam helfen, einen Überblick darüber zu bekommen, was ihn auf einer Reise durch dieses faszinierende Land erwartet.
Neben einigen Informationen zur Reisevorbereitung, gebe ich hilfreiche Reisetipps, umfangreiche Informationen und persönliche Reiseerfahrungen zu Vietnam weiter.
In der großen Reiseroute werden dabei alle wichtigen Ziele vorgestellt und anschließend in weiteren Kapiteln ausführlicher behandelt.

Inhalt dieses Vietnam Guides

Zunächst folgen alle Informationen zur **Route durch Vietnam**, sowie den einzelnen **Sehenswürdigkeiten**, die ich alle selbst bereist habe und zu denen ich meine Eindrücke und Tipps weiter gebe.

Im zweiten Abschnitt des Guides habe ich einige **umfangreiche Reisetipps und Hinweise** vorbereitet, welche dir nicht nur für deinen Vietnam Trip hilfreich sein werden.

Die Bilder dieses Reiseführers in Farbe und guter Auflösung?

Um den Verkaufspreis günstig zu halten, wurde dieser Reiseführer in schwarzweiß gedruckt. Die Bilder dienen zwar zur Veranschaulichung – im Vordergrund stehen dennoch die Informationen.

Um die über 70 Bilder und Grafiken trotzdem in Farbe und höherer Auflösung sehen zu können, habe ich diese in einer Galerie hochgeladen. Die Bilder kannst du dort auch herunterladen. Die Nutzung dieser Bilder ist selbstverständlich nur für den Privatgebrauch gedacht.

Alle Bilder findest du unter diesem Link:

http://bit.ly/vietnam-fotos

Als zusätzlichen Bonus biete ich das Buch für alle Käufer als **PDF-Version zum Download** an. Somit kannst du den Reiseführer auch über dein Smartphone, Tablet oder PC ansehen mit allen Bildern in Farbe.

Den Link findest du auf Seite 131 (damit wird verhindert, dass Nichtkäufer den Link in der Buchvorschau sehen können).

Visum Vietnam - So erhältst du dein Visum einfach und schnell

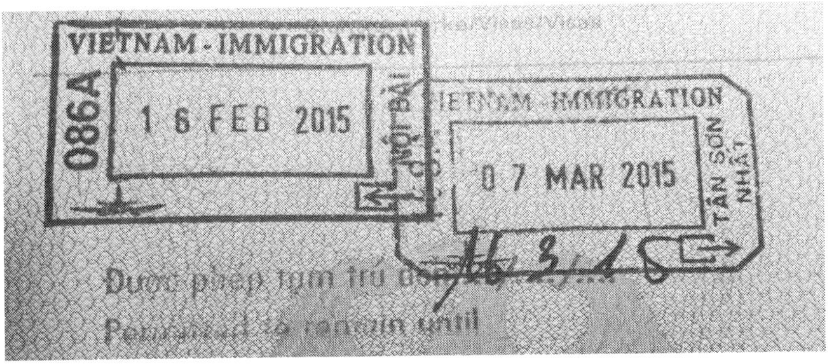

* **AKTUELLES UPDATE*** - Vom **01.07.2017** bis (mind.) **30.06.2021** sind Bürger u.a. aus Deutschland vorerst von der **Visumpflicht befreit**, wenn die **Reisedauer maximal 15 Tage** beträgt.
Mehr Infos auf der Seite der Botschaft:
„http://www.vietnambotschaft.org/visa/"

Falls du aber länger als 2 Wochen in Vietnam Urlaub machen willst (was ich grundsätzlich empfehle, um das Land kennenzulernen), bleibt alles gleich und du kannst dich nach folgendem Kapitel richten.

Vietnam ist eines der Länder, in das du nicht einfach einreisen kannst, ohne dich vorher um ein **Visum zu kümmern**. Trotzdem ist es an sich ganz einfach und kann auch relativ schnell gehen, falls man sich **spontan** entscheidet, in das Land einzureisen.
Um ein Visum für Vietnam zu erhalten gibt es **verschiedene Möglichkeiten**, 2 davon sind für dich relevant.

1. Möglichkeit: Es gibt das **Visa on arrival**, das allerdings oft ein wenig missverstanden wird, da es nicht vergleichbar mit z.B. Thailand ist. Denn im Gegensatz zum Visum in Thailand muss man beim Vietnam Visa on arrival vorher ein Einladungsschreiben beantragen und einige weitere Sachen beachten.

Die **2. Möglichkeit** ist, sich das Visum bei einer **vietnamesischen Botschaft** zu besorgen. Das muss nicht unbedingt in Deutschland sein, sondern kann auch z.B. in Thailand sein. Allerdings muss man für diese Methode ein **paar Tage** einplanen, um das Visum zu erhalten und es **kostet** auf diese Art und Weise auch **mehr**.

Damit du genau weißt, was du zu tun hast und wann du ein Visum on arrival und wann ein Visum von der Botschaft nehmen solltest, hier die Erklärung und der Ablauf der Beantragung für dein Visum für Vietnam.

Visum Vietnam - on Arrival

Ein Visum on Arrival beantragst du, wenn

- du **nicht** über den Landweg...
- sondern per **Flugzeug** an den Flughäfen von **Hanoi** (Noi Bai Airport), **Ho-Chi-Minh-Stadt** (Tan Son Nhat Airport), **Nha Trang** (Cam Ranh Airport) oder **Da Nang** (Da Nang Airport) einreist.

Das Vietnam Visum on Arrival ist offiziell für Menschen vorgesehen, in deren Land es keine vietnamesische Botschaft gibt, für Reisegruppen oder für dringende Fälle.

Trotzdem ist es kein Problem, das Visum on Arrival zu bekommen, auch wenn man zu keiner dieser Fälle gehört. Der primäre Vorteil an diesem Visum ist, dass es wesentlich **günstiger** ist, als das von einer Botschaft.

Um am Flughafen "on arrival" das Visum ausgestellt zu bekommen, benötigt man im Vorfeld eine "**Einladung**" bzw. Erlaubnis von der

Einreisebehörde, um in das Land einzureisen. Dies geht ganz einfach über einen der zahlreichen **Online-Services**, die dir diese Einreise-Erlaubnis gegen eine kleine Gebühr vermitteln.

Ich habe dafür "**Vietnam Visa Pro**" („*http://vietnamvisapro.com/en/apply-online.html*") in Anspruch genommen, einen der günstigsten Anbieter, der dennoch verlässlich ist. Die Seite ist englischsprachig.

Ein deutschsprachiger Anbieter, der ebenfalls ein Einladungsschreiben für das Vietnam Visum erstellt, ist **e-visums.de**, welcher eine 48-stündige Bearbeitungsdauer verspricht und bei dem z.B. auch eine Zahlung per (Sofort-)Überweisung möglich ist.

Welches spezifische Visum benötigt man?

Um zu wissen, welches Visum man genau benötigt, sollte man wissen, wie lange man vor hat, in Vietnam zu bleiben und ob man in der Zeit **aus- und wieder einreisen** möchte oder ob man nur **einmal** ein- und am Schluss wieder ausreist.

Das Visum, welches die meisten Reisenden benötigen ist das "**1 Month - Single Entry**"-Visum, also einmal einreisen, bis zu 1 Monat im Land bleiben und dann wieder ausreisen. Es gibt auch noch "1 Month - multiple entry" und ein Visum für bis zu 3 Monate, auch jeweils mit einmaliger Einreise oder mit mehrfacher Einreise. Eine Preisübersicht von Vietnam Visa Pro gibt es unter: „*http://vietnamvisapro.com/en/visa-fee.html*"

Die Einladung für "1 Month - Single Entry" kostet bei einer Person **6$**.

Der Bestellprozess

Für die Bestellung des Einladungsschreibens auf Vietnam Visa Pro oder einem anderen Anbieter, benötigt man seine **Reisepassdaten** und man sollte möglichst wissen, **wann** man einreist und **wo** man **einreist**.

Zumindest darf der angegebene **Einreisetermin** nicht vor dem **tatsächlichen Flugdatum** sein. Falls man noch nicht genau weiß, wann man fliegt, gibt man im Zweifelsfall das frühestmögliche Datum ein. Das Ausreisedatum braucht man eigentlich noch nicht zu wissen, im Zweifelsfall gibt man als Datum einfach 1 Monat später (bei einem 1-Monatsvisum) ein.

Nach dem Ausfüllen der Personen-und Reisedaten erhält man eine E-Mail, in der man alle **Informationen zur Zahlung** und den Link zum Bezahlen findet.

Man kann u.a. per **Paypal, Kreditkarte und Banküberweisung** zahlen. Empfohlen ist natürlich Paypal oder Kreditkarte, da die Zahlung dann schneller erhalten wird.

Gezahlt wird hier nun also nur die Servicegebühr von z.B. 6$ (Eine Einreise, 1 Monat). Die Gebühr für das eigentliche Visum (zurzeit **25$** beim 1-Monatsvisum) wird erst **bei der Anreise vor Ort**, bzw. "on Arrival" gezahlt.

Wie lange dauert es, bis ich das Einladungsschreiben erhalte?

Bei der normalen Beantragung dauert es **2-3 Werktage** (bei mir war es nach etwa 2 Tagen da) bis es im E-Mail-Postfach landet.

Falls man es eilig hat, weil man z.B. spontan am nächsten Tag fliegen will, gibt es auch verschiedene **Express-Bearbeitungen**, die mit einem Aufpreis verbunden sind. Das schnellstmögliche, das angeboten wird, sind 2-3 Stunden. Weitere Infos dazu unter *„vietnamvisapro.com/en/rush-visa.html“*

Einladungsschreiben erhalten. Wie geht's weiter?

Nach 2-3 Tagen solltest du das **Einladungsschreiben** per E-Mail erhalten haben. Sieht so aus:

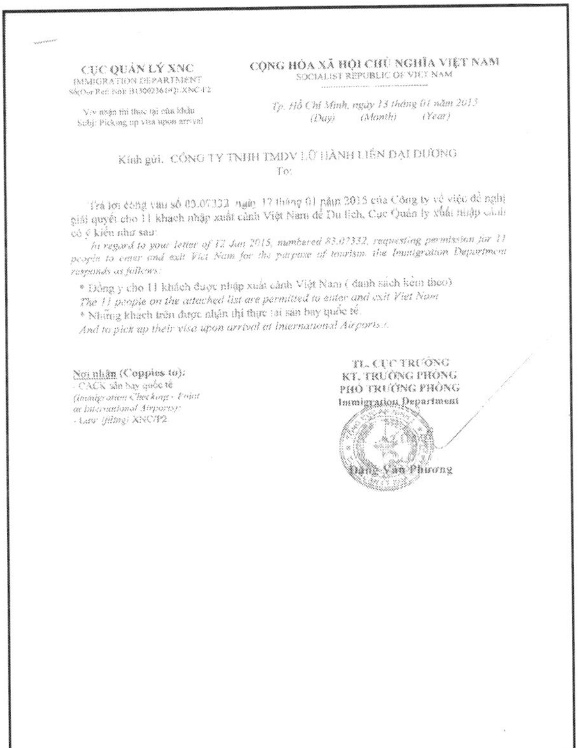

CỤC QUẢN LÝ XNC
IMMIGRATION DEPARTMENT
Số(Our Ref) No: [illegible] XNC-P2

V/v nhận thị thực tại cửa khẩu
Subj: Picking up visa upon arrival

CỘNG HÒA XÃ HỘI CHỦ NGHĨA VIỆT NAM
SOCIALIST REPUBLIC OF VIET NAM

Tp. Hồ Chí Minh, ngày 13 tháng 01 năm 2015
(Day) (Month) (Year)

Kính gửi: CÔNG TY TNHH TMDV LỮ HÀNH LIÊN ĐẠI DƯƠNG
To:

Trả lời công văn số 03.07332 ngày 12 tháng 01 năm 2015 của Công ty về việc đề nghị giải quyết cho 11 khách nhập xuất cảnh Việt Nam để Du lịch, Cục Quản lý xuất nhập cảnh có ý kiến như sau:

In regard to your letter of 12 Jan 2015, numbered 83.07332, requesting permission for 11 people to enter and exit Viet Nam for the purpose of tourism, the Immigration Department responds as follows:

* Đồng ý cho 11 khách được nhập xuất cảnh Việt Nam (danh sách kèm theo)
The 11 people on the attached list are permitted to enter and exit Viet Nam
* Những khách trên được nhận thị thực tại sân bay quốc tế.
And to pick up their visa upon arrival at International Airports.

Nơi nhận (Coppies to):
- CACK sân bay quốc tế
(Immigration Checkpoint - Point at International Airports);
- *Lưu (filing)* XNC/P2

TL. CỤC TRƯỞNG
KT. TRƯỞNG PHÒNG
PHÓ TRƯỞNG PHÒNG
Immigration Department

Đặng Văn Phương

Einladungsschreiben

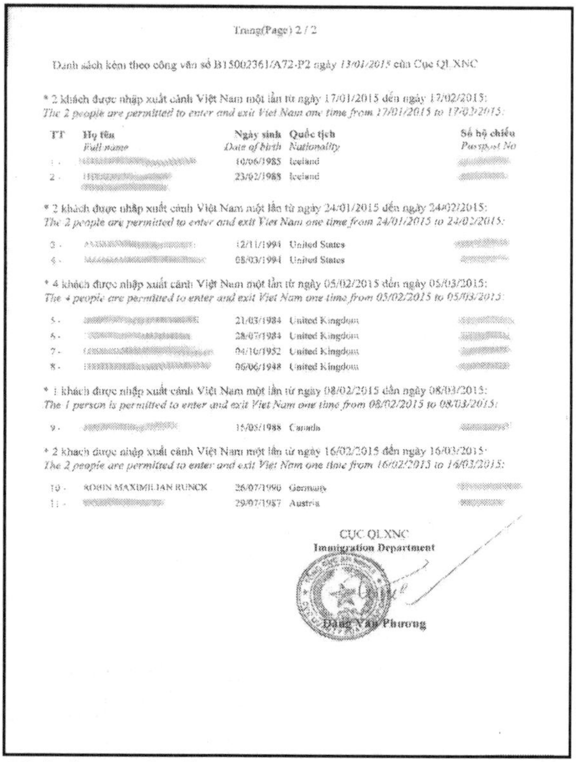

Trang(Page) 2 / 2

Danh sách kèm theo công văn số B1500236I/A72-P2 ngày *13/01/2015* của Cục QLXNC

* 2 khách được nhập xuất cảnh Việt Nam một lần từ ngày 17/01/2015 đến ngày 17/02/2015:
The 2 people are permitted to enter and exit Viet Nam one time from 17/01/2015 to 17/02/2015:

TT	Họ tên *Full name*	Ngày sinh *Date of birth*	Quốc tịch *Nationality*	Số hộ chiếu *Passport No*
1 -	[illegible]	10/06/1985	Iceland	[illegible]
2 -	[illegible]	23/02/1988	Iceland	[illegible]

* 2 khách được nhập xuất cảnh Việt Nam một lần từ ngày 24/01/2015 đến ngày 24/02/2015:
The 2 people are permitted to enter and exit Viet Nam one time from 24/01/2015 to 24/02/2015:

3 -	[illegible]	12/11/1994	United States	[illegible]
4 -	[illegible]	08/03/1994	United States	[illegible]

* 4 khách được nhập xuất cảnh Việt Nam một lần từ ngày 05/02/2015 đến ngày 05/03/2015:
The 4 people are permitted to enter and exit Viet Nam one time from 05/02/2015 to 05/03/2015:

5 -	[illegible]	21/03/1984	United Kingdom	[illegible]
6 -	[illegible]	28/07/1984	United Kingdom	[illegible]
7 -	[illegible]	04/10/1952	United Kingdom	[illegible]
8 -	[illegible]	06/06/1948	United Kingdom	[illegible]

* 1 khách được nhập xuất cảnh Việt Nam một lần từ ngày 08/02/2015 đến ngày 08/03/2015:
The 1 person is permitted to enter and exit Viet Nam one time from 08/02/2015 to 08/03/2015:

9 -	[illegible]	15/05/1988	Canada	[illegible]

* 2 khách được nhập xuất cảnh Việt Nam một lần từ ngày 16/02/2015 đến ngày 16/03/2015:
The 2 people are permitted to enter and exit Viet Nam one time from 16/02/2015 to 16/03/2015:

10 -	ROBIN MAXIMILIAN RUNCK	26/07/1990	Germany	[illegible]
11 -	[illegible]	29/07/1987	Austria	[illegible]

CỤC QLXNC
Immigration Department

Đặng Văn Phương

Einladungsschreiben

Dieses Einladungsschreiben solltest du **ausdrucken**. Zusätzlich sollte man vor Ankunft das Einreiseformular **ausdrucken** und **ausfüllen**, um an der Immigration Zeit zu sparen.
Außerdem benötigt man **2 Passfotos** (ich habe nur eins benötigt, offiziell werden aber 2 verlangt) und das **Geld in Bar** für die benötigte Gebühr (z.B. 25$ für 1 Monat), vorzugsweise in **US$**. Man kann aber wohl auch in Euro zahlen.
2 Reisende berichteten, sie hätten sogar in Thai Baht bezahlt. Auch wegen des besseren Wechselkurses sollte man sich vorher am besten die benötigte Gebühr in US$ wechseln lassen.
Am Wichtigsten ist aber, dass man überhaupt genug **Bargeld** dabei hat, da es vor der Einreise am Flughafen **keine Geldautomaten** gibt.

Hier noch einmal in Stichpunkten, was man an der Einreise parat haben sollte:

- Reisepass (mind. noch 6 Monate gültig)
- ausgedrucktes Einladungsschreiben
- ausgedrucktes und ausgefülltes Einreiseformular
- 2 (aktuelle) Passfotos im üblichen Format
- 25 US$ (oder mehr, je nach Visum) in Bar

Wenn du alles hast, sollte bei der Einreise eigentlich nichts mehr schief gehen.

Alle Unterlagen parat. Wie läuft die Einreise vor Ort ab?

Vor Ort mit dem Flugzeug angekommen, geht es vor der Immigration an sich, erst mal an den **Schalter für "Visa on Arrivals"** (dort werden die meisten Passagiere hinlaufen). Am Schalter gibt man seine sämtlichen Unterlagen inkl. Reisepass und Visum-Gebühr dem Immigrations-beamten, welcher diese bearbeitet und das Visum ausstellt. Dieser Prozess dauert je nach Andrang ca. 15-60 Minuten. Danach dann einfach durch die Immigration gehen und fertig.

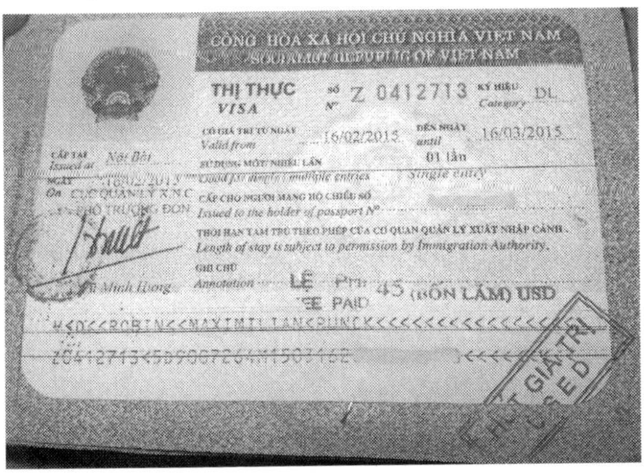

Visum Vietnam - Bei der Botschaft beantragen

Ein Visum bei einer **Botschaft** beantragst du, wenn

- du über den **Landweg** einreist (z.B. aus Laos oder Kambodscha)

Der offizielle Weg, das Vietnam Visum noch **vor der Anreise** ausgestellt zu bekommen, ist die Beantragung bei einer **vietnamesischen Botschaft**.

Diesen Weg, das Visum zu erhalten, benötigst du eigentlich nur zwingend, wenn du vor hast, über den **Landweg** (oder Seeweg von Kambodscha) nach Vietnam einzureisen, da es an den Grenzübergängen **keine Unterstützung für Visa on Arrival** gibt.

Wenn du bereits in Deutschland weißt, dass du auf diese Weise einreist, kannst du das Visum bei der Botschaft in Berlin beantragen.
Die Kosten für das einmonatige Visum betragen hier zurzeit **65€** (+ggf. Porto).

Um das Visum hier zu beantragen, muss man das **Antragsformular** entweder schriftlich oder elektronisch ausfüllen. Dieses gibt es auf der Seite der Botschaft *(„http://www.vietnambotschaft.org/visa/“)*

Anschließend muss man folgende **Unterlagen** (mit Rückumschlag) **an die Botschaft schicken**, sofern man diese nicht persönlich abgibt:

- Reisepass (mindestens 01 Monat über das Ende der Reise hinaus noch gültig)
- 1 Passfoto, übliche Größe (3,5x4,5cm)
- das ausgefüllte Antragsformular
- die Visagebühr (Euro) in Bar (oder Scheck)
- 1 Rückumschlag (wenn per Post)

Die **Bearbeitungszeit** wird mit **1 Woche** angegeben. Es gibt hier auch eine Expressbearbeitung mit einer Zusatzgebühr von 24€. Die genaue **Anleitung** und Postadresse der Botschaft befindet sich unter *„http://www.vietnambotschaft.org/konsularische-informationen/einreise-in-vietnam/"*

Wenn du erst vor Ort, z.B. in Kambodscha oder Laos entscheidest nach Vietnam einzureisen, kannst du das Visum auch in der jeweiligen Vietnam-Botschaft des Landes erhalten. Dies wird aber natürlich auch ein paar Tage dauern, sofern es keine Expressbearbeitung gibt oder man diese nicht zahlen möchte. Darauf sollte man sich vor Ort dann einstellen.

Damit solltest du nun wissen, was zu tun ist, wenn du nach Vietnam einreist.

Vietnam Reiseroute - Eine Rundreise in 2 bis 3 Wochen

Ein Urlaub in Vietnam eignet sich bestens für eine schöne Rundreise durch das ganze Land. Na gut, vielleicht ist Rundreise der falsche Begriff, denn meistens gibt es bei einer Vietnam Reiseroute vor allem eine Entscheidung zu treffen. Entweder man startet im Süden und reist bis in den Norden oder umgekehrt. Denn das Land ist sehr lang, aber nicht sehr breit.

Für einen ersten Überblick über das Land Vietnam und was es an Orten und Sehenswürdigkeiten zu entdecken gibt, findest du hier eine ausführliche **Routenbeschreibung**.

In dieser Rundreise stelle ich eine Route vor, die ich so selbst gereist bin und die für eine Dauer von 2-3 Wochen optimal geeignet ist.

Im Anschluss an die Reiseroute finden sich einige Kapitel zu den

wichtigsten Orten auf der Route, in denen du noch **detailliertere Infos** dazu erhältst.

Um das Beste aus einem Aufenthalt in diesem Land zu machen, stelle ich hier eine **Reiseroute für Vietnam** vor, die sich für einen Aufenthalt von **3 Wochen gut eignet**.

Wer nur **2 Wochen** im Lande bleibt, muss das ein oder andere Reiseziel auslassen, um nicht in Hektik zu geraten. Bei 3 Wochen kann man dagegen ohne Probleme die größten Highlights sehen und erleben.
Wer jeden Ort der Route genauer kennenlernen will, sich insgesamt viel Zeit lassen möchte und eine gemütliche, langsame Reise plant, der verweilt am besten 4-5 Wochen.

Mein **Routenvorschlag** geht von einem **Start im Norden**, in der Hauptstadt Hanoi, aus, da ich persönlich die Vietnam Reiseroute ebenfalls im Norden begonnen habe. Man kann es aber auch genauso gut anders herum machen.

Vietnam Reiseroute #1 - Start in Hanoi (1-2 Tage)

Wenn man im Norden anfängt, dann **startet die Rundreise meist in Hanoi**.
Flüge aus Deutschland gehen normalerweise immer über Bangkok nach Hanoi.
Wer vorher bereits in Thailand oder Bangkok umher reist, der kann von **Bangkok aus günstige Flüge nach Hanoi** mit einer vietnamesischen Airlines bekommen (kostet meist um die 50€).

In Hanoi kann man gut 2 Nächte verbringen. Viel länger würde ich persönlich nicht bleiben wollen.

Was man in Hanoi alles tun und sehen kann und wie mein erster Eindruck der vietnamesischen Hauptstadt war, kannst du ab **Seite 37** genauer erfahren.

Hanoi ist aber nicht nur die Hauptstadt, sondern vor allem **Ausgangspunkt für viele interessante Touren** bzw. Ausflüge in den Norden Vietnams. Am beliebtesten sind dabei die Ausflüge zur berühmten Halong-Bucht und in das Trekking-Gebiet Sapa.

Auch von Hanoi aus starten übrigens die **geführten Backpacker Touren** von **Backpackerpack.de**. Wer nicht gerne alleine verreisen möchte, aber dennoch ein authentisches Backpacking Abenteuer erleben will, der kann an der 14-tägigen Tour durch Vietnam teilnehmen. Da der Trip in der Gruppe stattfindet (ca. 8-15 Teilnehmer zwischen 18 und 35 Jahren), findet man auch schnell Anschluss zu den anderen Teilnehmern. Eine interessante Alternative zum "Reisen auf eigene Faust" und für Einige sicherlich eine Überlegung wert.

Hotelempfehlung in Hanoi: "Hanoi Hotel Royal" *(„https://www.booking.com/hotel/vn/hanoi-guest-house-royal.de.html")* - Hervorragendes Hotel mit stilvollem, viktorianischem Einrichtungsstil und hohem Standard. Inkl. gutem kontinentalen Frühstück gibt es das Zimmer für etwa 50€/Nacht. Sehr zentral gelegen in der Altstadt.

Alternative für Budget-Reisende: „Hanoi Sweet Family Homestay" *(„https://www.booking.com/hotel/vn/hanoi-sweet-family-homestay.de.html") -* Das ebenfalls bei der Altstadt zentral gelegene Gästehaus bietet solide ausgestattete gute Zimmer für nur **15-20€/Nacht** inkl. Frühstück an.

Vietnam Reiseroute #2 - Halong-Bucht (2-3 Tage)

Die **Halong-Bay** ist ein tolles Gebiet um einen **mehrtägigen Bootsausflug** zu machen und gehört eigentlich zu jeder Vietnamreise dazu. Wirklich individuell kann man dieses Gebiet nicht erkunden; man muss sich immer an einer von zahlreichen Touren anschließen.

Bekannt ist die Halong-Bay für die vielen aus dem Wasser ragenden **Kalkfelsen** und die sich in dem Gebiet befindlichen **Höhlen**, was dieses **1500km²** große Gebiet sehr sehenswert und einzigartig macht.

Diesen sehr beliebten und empfehlenswerten Ausflug kann man entweder direkt bei einem **Reisebüro oder Hotel buchen** oder zum Beispiel bei halongbaytours.com.
Hier hatten wir eigentlich gebucht, allerdings etwas zu kurzfristig, sodass wir die gewünschte Tour nicht mehr bekamen. Daher hatten wir die Buchung stornieren lassen. Preislich waren die Angebote auf der Seite aber gut. Daher haben wir die Halong-Bay-Tour dann

kurzfristig über das Hotel gebucht, was leicht teurer war.

Empfehlen würde ich daher, entweder eine Tour in **örtlichen Reisebüros zu buchen** (wenn man nicht das nächstbeste nimmt, ist das meist die günstigste Möglichkeit) **oder eben online im Voraus**.

Wir hatten eine **2-tägige Tour** gemacht. Dabei wird man vom Hotel abgeholt, zur Halong-Bucht gefahren und verbringt dann von Mittag an einen ganzen Tag (bis zum Nachmittag des nächsten Tages) Zeit **auf dem Boot und bei Ausflügen und Aktivitäten** (Kayaking usw.). Für **Essen** wurde auch mehr als reichlich gesorgt. **Übernachtet** wird dann auf dem Boot in normalen Zimmern.

Insgesamt ein sehr schöner und eindrucksvoller Ausflug, den man auch locker auf 2 Übernachtungen/3 Tage ausdehnen kann und sollte, wenn man es sich leisten kann. Persönlich würde ich nächstes Mal vermutlich auch lieber eine 3-Tages-Tour buchen, da die 2 Tage doch recht schnell vorbei waren.

Eine 2-Tages Tour (einfacher Standard) kostet **etwa 100-150€.**

Im Kapitel ab Seite 46 habe ich noch mehr vom Ausflug in der Halong-Bucht geschrieben.

Hotel in Halong-Bay: Das Boot von Royal Cruise (ich denke die Touren in dieser Preisklasse unterscheiden sich nicht allzu sehr, daher würde ich dies nun nicht explizit empfehlen).

Vietnam Reiseroute #3 - Trekking bei den Reisterrassen in Sapa (3 Tage)

Als wir von der Halong-Bay Tour nachmittags zurück kamen ging es nach einem **kurzen Zwischenstopp in Hanoi** abends weiter in den **äußersten Norden, nach Sapa.**

Diese Tour hatten wir auch vom Hotel aus gebucht. Man kann die

Tour, welche **3 Tage bzw. 4 Nächte** geht aber auch problemlos vor Ort in einem der Reisebüros buchen. Alternativ kann man den Trip auch individuell machen.

Die meisten Trips nach Sapa sind 3 Tage lang. Dabei sind **2 Nächte im Zug** (Schlafabteil) und 2 Nächte vor Ort. Wer den Trip individuell macht, sollte zumindest die Zugtickets im Voraus online (z.B. auf vietnam-railway.com) oder im Reisebüro vor Ort buchen, da diese oft auch mal ausgebucht sind, wenn man es spontan versucht. Die Trekking Touren sollte man auch vor Ort noch relativ spontan buchen können.

In und um Sapa herum erwarten einen wunderschöne Landschaften, die vor allem aus **Reisterrassen** bestehen und in denen man wunderschön, geführt oder individuell, wandern bzw. "**trekken**" kann (wasserdichte Schuhe von Vorteil, da es manchmal etwas nass/matschig sein kann).
Wer 3 Wochen in Vietnam verbringt, sollte einen Abstecher nach Sapa unbedingt einplanen.
Unter „*http://www.sapa-tours.net/sapa-tours/trekking-tours*" gibt es einige Touren zu sehen und wie diese ablaufen würden. Eine 4-

Nächte/3-Tage-Tour kostet etwa **150-200€**.
Ab und zu kann man in örtlichen Reisebüros aber auch ein Schnäppchen schlagen und die Touren noch günstiger buchen.

Im Kapitel ab Seite 55 erfährst du noch mehr von den Reisterassen und Sehenswürdigkeiten in Sapa.

Hotelempfehlung in Sapa: Heart Of Sapa Hotel
(„https://www.booking.com/hotel/vn/heartofsapahotel-sapa2.de.html") - Sehr schönes Hotel mit modern eingerichteten Zimmern und top Bewertungen. Inkl. Frühstück gibt es das Zimmer bereits ab ca. **25€**/Nacht.

Vietnam Reiseroute #4 - beeindruckende Höhlen und mehr in Phong Nha (3-4 Tage)

Ein wahrliches Highlight **inmitten Vietnams** ist dieses erst kürzlich touristisch erschlossene Gebiet.

Das Gebiet um das Örtchen **Phong Nha,** welches sich **inmitten von Reisfeldern** befindet, ist wirklich sehenswert. Der Tourismus ist hier scheinbar erst vor einigen Jahren eingezogen, sodass man noch relativ gut das authentische, **ländliche Leben** hier sehen kann.

Das Highlight sind eindeutig die **riesengroßen und beeindruckenden Höhlen** (erst vor einigen Jahren wurde hier sogar die weltweit größte Höhle entdeckt).
Wer in einem der Hostels vor Ort übernachtet, bekommt alle wichtigen Infos zu den jeweiligen Höhlen vorgestellt. Wir waren im Easy Tiger Hostel („http://www.easytigerhostel.com").
Die größte und beeindruckendste Höhlen-und Adventure Tour veranstaltet **"Phong Nha Farmstay"** *(https://phong-nha-cave.com/sightseeing-and-culture")*, das erste richtige Hostel hier, welches auch sehr beliebt ist und vorher reserviert werden muss.

Die Tour ist zwar für vietnamesische Verhältnisse sehr teuer (ca. 60€ -

Ganztagestour), aber war auch wirklich ein Erlebnis, welches man jedem nahelegen kann, der nicht gerade total low budget reist.

Ansonsten gibt es natürlich noch mehr zu entdecken. Für einen Aufenthalt hier sollte man daher mindestens **2 volle Tage vor Ort** einplanen, d.h. mit Anreise usw. sollten in der Routenplanung hierfür mindestens 3 Tage drauf gehen.

Zur **Anreise** von Hanoi aus empfiehlt sich ein **Nachtzug bis "Dong Hoi"**. Von Dong Hoi aus kann man sich ein **Taxi** nehmen (ca. 15-20€). Alternativ gibt es wohl auch einen **örtlichen Bus** (hat bei uns nicht geklappt). Auch die jeweiligen Hostels vor Ort bieten auf Anfrage teilweise einen **Minibus-Service** an, falls mehrere Reisende zur gleichen Zeit ankommen.

Zur **Weiterreise** kann man direkt in Phong Nha einen **Nachtbus** oder einen **Bus am frühen Morgen** buchen (haben wir gemacht).

Ab Seite 63 habe ich noch mehr und ausführlicher zu Phong Nha geschrieben.

Wer möchte, kann den nächsten **Zwischenstopp im Ort Hué** machen. Dieser wird von vielen nochmal als Zwischenstopp angesteuert. Da wir diesen Ort ausgelassen haben, bleibt es aber bei dieser Erwähnung und es geht weiter mit Hoi An.

Hotel in Phong Nha: "Easy Tiger Hostel" - schönes Hostel mit vielen Backpackern aller Altersklassen. Kostenloser Fahrrad-Verleih und Infos zur Umgebung & Touren - empfehlenswert, v.a. auch für Alleinreisende. Reservieren muss man per E-Mail, zu finden auf deren Homepage.

Vietnam Reiseroute #5 - Hoi An (2-3 Tage)

Dieses wunderschöne Örtchen sollte auf keiner Vietnam Reiseroute fehlen. Für viele sicherlich der **schönste Ort in Vietnam** und das zu Recht. Das Zentrum von Hoi An besteht aus der **Altstadt ("Old Town")**, deren Schönheit vor allem abends zur Geltung kommt, wenn die Laternen erleuchtet sind und das rege Nachtleben erwacht.

Auch **kulinarisch** hat Hoi An einiges zu bieten, vor allem Fans von **Streetfood** werden hier auf ihre Kosten kommen.

Eines der typischen Gerichte in Hoi An ist **Cao Lau**, ein würziges Nudelgericht mit Scheiben von Schweinefleisch. Das Streetfood ist hier sehr **günstig** und auch das lokale Bier (mit Reis gebraut, aber trotzdem nicht schlecht) kostet meist unter 0,50€.
Sehr gut lässt sich Hoi An mit einem der zahlreichen Leih-**Fahrrädern** erkunden, welche von den Hotels/Homestays meist kostenlos angeboten werden. So bietet sich ein Ausflug zum Strand an oder die Erkundung der Altstadt auf 2 Rädern.

Auf jeden Fall ist Hoi An ein Ort, für den man ruhig 2 Tage einplanen sollte.

Die **An- und Abreise** haben wir mit dem **Bus** gemacht, was offenbar die beste Art ist, nach Hoi An zu gelangen. Der nächste Flughafen und Zug-Bahnhof befindet sich nämlich 30km weiter im Ort Danang.

Hotelempfehlung in Hoi An: "My House Hoi An Homestay" *(„https://www.booking.com/hotel/vn/my-house-hoi-an-homestay.de.html“)* - Das Gästehaus lockt mit sehr günstigen Preisen und einer dafür tollen Qualität und Größe der Zimmer. Für Unter 20€ gibt es das "Deluxe Doppelzimmer" ink. Frühstück. Einen Fahrradverleih gibt es ebenfalls; sehr gut und günstig; 9,5/10 Rating.

Vietnam Reiseroute #6 - Zwischenstopp im Badeort Nha Trang (1 Tag)

Von Hoi An ging es weiter mit dem **Nachtbus nach Nha Trang**. Dieser Ort hat mir persönlich nicht allzu sehr gefallen. Allerdings ist die Strecke von Hoi An nach Ho-Chi Minh City eigentlich zu weit, um sie in einem Stück zu machen. Daher bietet sich dieser Ort gut für einen Tag **"relaxen am Strand"** an.

Das ist auch das, was dieser Ort vor allem bietet - **lange Strände, Baden im Meer und Cocktails**.

Wer doch eine Nacht hier verbringen will, wird vor allem einige **Partys** antreffen.

Dafür ist Nha Trang auch bekannt. Nachdem wir mit dem Nachtbus aber schon weiter nach Ho-Chi-Minh fuhren, haben wir das rege Nachtleben hier nicht mitbekommen.

Hotelempfehlung in Nha Trang: "Dendro Gold Hotel" *(„https://www.booking.com/hotel/vn/dendro-gold.de.html")* - Hervorragendes Hotel in guter Lage. Das Deluxe Zimmer mit

Meerblick und Balkon (gute Aussichten von den oberen Stockwerken) gibt es für **50-60€/Nacht** inkl. Frühstück.

Vietnam Reiseroute #7 - Ho-Chi-Minh-City/Saigon (1-2 Tage)

Willkommen in Vietnams größter Stadt mit **10 Millionen Einwohnern und 4 Millionen Rollern** auf den Straßen.

Eigentlich gibt es in Ho-Chi Minh City selbst gar nicht so viele Sehenswürdigkeiten; stattdessen ist die Stadt vor allem auch wieder Ausgangspunkt zu Touren ins Mekong-Delta.
Sehr interessant in Ho-Chi Minh City ist das "War Remnants Museum" *(http://warremnantsmuseum.com)*, in dem man Einiges über den **Vietnam-Krieg** erfährt - beeindruckend und erschreckend zugleich.

Touristisches- und **Backpacker-Zentrum** ist das Gebiet um die Pham Ngu Lao Street. Hier befinden sich auch die meisten Hostels und das Nachtleben ist sehr Bar lastig.
Dennoch, wie ich finde, nicht die schlechteste Gegend um sein Hotel oder Hostel zu finden. Allerdings muss man sich vor den Rollerfahrer-Dieben ("**Snatch Thieves**") in Acht nehmen, die wohl des Öfteren den Touristen die Handtasche/Rucksack entreißen. Normalerweise wird man spätestens vom Hotelpersonal davor gewarnt, wenn man hier übernachtet.
Um Ho-Chi-Minh-City einigermaßen entspannt zu erkunden, reicht meiner Meinung nach 1 voller Tag/2 Nächte.

Hotel in Ho-Chi-Minh-City: "Chez Mimosa Petite"
(Booking.com) - Super bewertes Hotel mit modernen, sauberen und großzügigen Zimmern. Für etwa **35€/Nacht** gibt es die Junior Suite mit kleinem Balkon inkl. Frühstücksbuffet. Zentral gelegen.

Vietnam Reiseroute #8 - Mekong-Delta Tour (1-2 Tage)

Eine Mekong-Delta Tour sollte man unbedingt machen, wenn man sich in Ho-Chi-Minh-City befindet. Diese Touren dauern in der Regel einen **vollen Tag oder 2 Tage** (mit Übernachtung). Gebucht habe ich eine solche Tour online bei vietfuntravel.com. Ist aber auch problemlos vor Ort buchbar.

Dabei fährt man von **Ho-Chi-Minh-City per Minibus zum Delta**. Auf unserer Ganztagestour ging es auf dem Fluss entlang mit Abstechern zu einer Bienenfarm (mit Honigverkostung), einer Kokosnussfabrik und schließlich auch auf einem der dort typischen, kleinen, langen, wackeligen Boote über einen der Nebenflüsse.

Kokosnuss-Fabrik

Sicherlich eine Tour, die man nicht auslassen sollte und die zudem recht günstig ist (unsere nur 20$). Die meisten haben die 2-Tages-Tour gemacht. Nachdem wir aber nur noch 1 Tag Zeit hatten, bevor unser Flug zurück ging, machten wir nur einen Tag.

Ab Seite 72 findest du meinen ausführlicheren Bericht zum Mekong Delta Ausflug.

Vietnam Reiseroute #9 - Phu Quoc Island (3-4 Tage)

Das Beste zum Schluss. Zumindest war diese Insel nochmal ein wirkliches **Highlight zum Abschluss der Reise,** welches ich stets empfehlen kann.

Wir blieben dort 3 Nächte, was als Mindestdauer auch empfehlenswert ist.
In 3 Tagen kann man hier die schönsten Stellen der Insel erkunden, ohne, dass es an Entspannung fehlt.

Warum mir diese Insel so gefallen hat und was es dort alles zu tun und sehen gibt, habe ich ab Seite 79 beschrieben.

Zur **An- und Abreise** von Ho-Chi-Minh-City würde ich ausschließlich das Flugzeug empfehlen. Denn die nur geringfügig günstigere Option per Bus und Fähre steht meiner Meinung nach in keinem Verhältnis. Für den Hin/Rück-Flug haben wir **75€** gezahlt.

Hotelempfehlung auf Phu Quoc: "OYO 502 Quynh Mai Resort" *(„https://www.booking.com/hotel/vn/khu-nghi-duong-quynh-mai-phu-quoc.de.html")* - Für unter **25€/Nacht** gibt es hier das moderne Superior Doppelzimmer inkl. Frühstück in einer idyllischen Lage im Landesinneren. Daher ist es sinnvoll, einen Roller zu leihen, um die Insel von hier zu erkunden.

Alternative in Strandnähe: **"Canary Bungalow"** *(„https://www.booking.com/hotel/vn/canary-bungalow.de.html")* - Für 40-50€/Nacht gibt es das schöne Bungalow inkl. Frühstück. Der Strand (Long Beach) ist 200 m entfernt.

Reiseroute auf Google Maps zur Vietnam Rundreise in 2-3 Wochen

Die Route mit allen Orten kannst du dir **„http://bit.ly/vietnam-route"** ansehen.

Eine grobe Übersichtskarte zur Rundreise findest du auf der folgenden Seite.

Mit dieser Reiseroute hat man sicherlich die mitunter **größten Highlights von Vietnam gesehen und erlebt.**
Wer nur 2 Wochen verreist, muss das ein oder andere Zwischenziel natürlich auslassen, denn durch das Land zu hetzen ist ja auch nicht der Sinn der Sache.

Wie auch immer man das Land bereist und welche Route man wählt - **Vietnam ist immer eine Reise wert!**

Jinping
Lai Châu
Hà Giang province
Tỉnh Hà Giang
Cao Bằng
Chongzuo
Yulin
Rongxian
Lingshan
Luchuan
Maoming
Mường Lay
Tuyên Quang
Bắc Kạn
Pingxiang
Qinzhou
Lạng Sơn
Fangchenggang
Hepu
Beihai
Zhanjiang
Leizhou
Provinz Phongsali
Điện Biên
Yên Bái
Tỉnh Yên Bái
Thái Nguyên
Mengla
Điện Biên Phủ
Sơn La
Việt Trì
Bắc Giang
Chí Linh
Provinz Quảng Ninh
Tỉnh Quảng Ninh
Oudomxay
Hải Dương
Hòa Bình
Hải Phòng
Hưng Yên
Provinz Houaphan
Nam Định
Provinz Luang Prabang
Luang Prabang
Laos
Haikou
Thanh Hóa
Provinz Xieng Khouang
Danzhou
Wenchang
Nghệ An province
Tỉnh Nghệ An
Sayaboury
Dongfang
Changjiang
Qionghai
Saysomboun
Ledong
Wuzhishan
Wanning
Provinz Bolikhamsai
Sanya
Paksan
Vinh
Hà Tĩnh
Vientiane
Provinz Khammouan
Loei Province
Udon Thani Province
Sakon Nakhon
Savannakhet
Provinz Savannakhet
Đông Hà
Khon Kaen Province
Kalasin
Chaiyaphum Province
Roi Et Province
Đà Nẵng
Provinz Salavan
Tỉnh Quảng Nam
Ubon Ratchathani Province
Pakse
Sekong
Quảng Ngãi
Nakhon Ratchasima Province
Buri Ram
Si Sa Ket Province
Champasak Province
Attapeu
Kon Tum province
Tỉnh Kon Tum
Kon Tum
Oddar Meanchey
Sa Kaeo Province
Preah Vihear
Stung Treng
Ratanakiri
Gia Lai
Quy Nhơn
Siem Reap
Sisophon
Battambang
Phú Yên
Chanthaburi Province
Kambodscha
Kratie
Mondulkiri
Đắk Lắk province
Tỉnh Đắk Lắk
Pursat
Sen Monorom
Trat Province
Tboung Khmum
Phnom Penh
Bình Phước Province
Tỉnh Bình Phước
Gia Nghĩa
Lâm Đồng Province
Cam Ranh
Koh Kong
Bảo Lộc
Svay Rieng
Kampot
Sihanoukville
Châu Đốc
Long An province
Vietnam
Việt Nam
Preah Sihanouk
Long Xuyên
Vũng Tàu
Sa Đéc
Bến Tre
Kiên Giang Province
Tỉnh Kiên Giang
Bà Rịa-Vũng Tàu Province
Tỉnh Bà Rịa Vũng Tàu
von Thailand
Vị Thanh
Trà Vinh
Bạc Liêu
Sóc Trăng
Cà Mau
Tỉnh Cà Mau

Hanoi - mein Eindruck der chaotischen Hauptstadt

Wer nach **Vietnam** reist, wird früher oder später wohl auch mal in **Vietnams Hauptstadt** Hanoi Halt machen. Hanoi liegt im **Norden** Vietnams, ist Heimat von 6,5 Millionen Vietnamesen und gleichzeitig Ausgangspunkt für **andere Reiseziele**, z.B. der bekannten Halong Bucht oder dem Hochgebirge rund um das Städtchen Sapa.

Für mich war Hanoi der Start meiner letzten und ersten Reise nach Vietnam. Per Flug ging es von Bangkok mit einer Billig-Airline (Vietjet) nach Hanoi. Die **Immigration** lief problemlos, mit der Visumabwicklung gab's keine Probleme.

Vom **Flughafen** nimmt man am Besten einen Minibus in die Stadt. Dazu geht man einfach aus dem Flughafen raus und draußen warten bereits ein oder mehrere Minibusse.
Abfahrt ist allerdings erst, wenn der Bus voll ist. Und voll heißt nicht unbedingt, die für das Fahrzeug maximal zulässige Personenzahl ...

Aus Thailand war ich ja bereits die Minibusfahrer gewöhnt, die im **Verkehr** relativ stressig fahren.

Der **Verkehr** ist auf jeden Fall mehr als **gewöhnungsbedürftig** und einige Nummern chaotischer als in Thailand oder den anderen südostasiatischen Ländern, in denen ich bereits war.
Aber bei 4 Millionen Rollern auf den Straßen auch kein Wunder.

In der Altstadt Hanois

Angekommen im **Zentrum bzw. der Altstadt** war es gar nicht so einfach mit dem ganzen Gepäck lebend durch den Verkehr zu kommen. Überhaupt ist es fast unvorstellbar, dass hier nicht ständig Unfälle passieren, aber irgendwie schaffen sie es immer.

Das **Verkehrschaos** war nun auch der **erste Eindruck** und ehrlich gesagt hat es mich zu Beginn tierisch genervt, dass man pro Minute 20x angehupt wird. Ich denke die Vietnamesen sind auch einfach anders auf dieses Geräusch eingestimmt. Während Hupen in Deutschland eher eine aggressive Handlung ist und gewissermaßen Stress auslöst, ist das in Vietnam wohl nicht so. Jedenfalls war meine erste Empfindung dieser Stadt: Stress.
Ich konnte mich nicht wirklich damit anfreunden. Bangkok ist dagegen ein Erholungsparadies.

Hier noch ein Tipp: Um eine Straße mittels Zebrastreifen zu überqueren, halten die Autos und Roller nicht etwa an.
Nein, man läuft einfach langsam los und verlässt sich darauf, dass die Roller einen umfahren (also nicht über den Haufen fahren, sondern umfahren im Sinne von ausweichen).
Aber Achtung vor den Autofahrern, insbesondere Taxis, denn die nehmen in der Regel keine Rücksicht und bremsen nur im letzten Moment und hupen dann nur wie verrückt.

Eine Nacht erst mal geschlafen und am nächsten Tag **gewöhnt** man sich schon langsam an das Chaos. Für manch einen mag die Stadt schon ein wenig **Kulturschock** sein:

100te **Rollerfahrer** um einen herum. Hühner und andere Tiere in kleinen Käfigen auf der Straße, die nach und nach ihren Weg in die hier allseits beliebte streetfood **Hühner/Nudelsuppe** finden. Vermeintlich einsame Ziegen an Bäumen angebunden. Mutter, Vater, Tochter, Sohn auf einem Roller (5 Leute auf einem war das höchste). Ganze Orangenbäume und Fernseher, die auf dem Roller transportiert werden (naja das ist dann weniger Kulturschock, als interessant anzusehen).

Neben Verkehr und Chaos gibt es aber natürlich auch **entspanntere Orte und Dinge** in Hanoi, die man tun oder anschauen kann. Allzu viele **Sehenswürdigkeiten** in Hanoi gibt es allerdings nicht. Trotzdem sollte man schon 2 Nächte, d.h. einen vollen Tag für die Stadt einplanen. Viel mehr hätte ich persönlich aber nicht unbedingt gewollt.

Ho Chi Minh Mausoleum

Was ganz interessant ist, ist das **Ho Chi Minh-Mausoleum** und der dazugehörige Park bzw. die Anwesen des **ehemaligen vietnamesischen Präsidenten**.
Zumal der Besuch nahezu **kostenlos** ist. Wo auch immer man in der

Stadt gerade ist, nimmt man sich am besten ein **Taxi** dort hin. Das ist in Hanoi ziemlich günstig - ca. 1-2€ innerhalb der Innenstadt.

Am Eingang ist zunächst eine **Einlasskontrolle**, mit Kriterien wie am Flughafen. Auch die Kameras werden zunächst eingesammelt. Ab hier folgt eine strikt zu befolgende **Führung**, die durch das Mausoleum führt, in welchem der bereits 1969 verstorbene **Ho Chi Minh** immer noch aufgebahrt ist und durch beste Erhaltungsmaßnahmen noch **fast lebensecht** aussieht.

Angeblich wird die Leiche sogar noch ab und zu nach Moskau geflogen, wo Balsamierungsexperten dafür sorgen, dass die Leiche auch weiterhin so gut erhalten bleibt. Skurill. Vor allem, da es wohl gegen seinen Wunsch war. Ho Chi Minh wollte seine Leiche eigentlich verbrannt haben.

Nachdem man aus dem Mausoleum wieder herausgeführt wird (innen muss Stille herrschen) bekommt man wieder die Kameras zurück und kann nun **auf eigene Faust** das ehemalige Anwesen, inkl. des **Wohnhauses** von Ho Chi Minh und der zugehörigen Parks erkunden.

Hoan Kiem See und Umgebung

Das (touristische) Zentrum bzw. die **Altstadt Hanois** liegt eigentlich rund um den **Hoan Kiem See**. Irgendwo hier in der Nähe sollte man am Besten auch sein Hotel buchen.

Als eines der Wahrzeichen oder Postkartenmotive sieht man oft den sogenannten **Schildkrötenturm**, welcher sich in der Mitte des Sees befindet. Auch der **Ngoc Son Tempel**, der mit einer Brücke verbunden ist, kann sich sehen lassen.
Empfehlenswert ist es, einfach mal einen **Spaziergang** um den ganzen See zu machen, zwischendurch eines der zahlreichen **Cafés** in Hanoi zu besuchen (es gibt in ganz Hanoi nach meinem Eindruck eine rege Kaffeekultur) und eine Pause einzulegen.

Blick von der Rooftop Bar

Sehr empfehlenswert ist der Besuch einer der **Dachterassen bzw. Rooftop Bars** am Rande des Sees. Wir haben im iFeel Cafe am nördlichen Ende des Sees abends einen schönen **Cocktail** (für nur 4$) bei netter Atmosphäre und Blick über den See gehabt.

Wer noch mehr Erholung vom Trubel sucht, könnte mit dem Taxi an die nördlichen Seen fahren. Wir waren auch mal dort. Die Seen waren allerdings nicht sonderlich sauber und viel gab es hier sonst auch nicht zu tun oder sehen. Es ist hier aber definitiv entspannter als im verkehrstechnischen Zentrum.

Was noch sehenswert sein kann, ist die **Wasserpuppen-Show** bzw. das **Wasserpuppentheater**, welches ebenfalls am Hoan Kiem See stattfindet.

Diese Art von Aufführung geht wohl auf eine alte **Tradition aus dem 11. Jahrhundert** zurück und findet nun bis zu vier mal täglich statt. Hierbei werden mit bis zu 1 m großen **Holzpuppen** Aufführungen aus dem vietnamesischen Alltagsleben aufgeführt. Eintritt kostet ca. **3€**. Es ist wohl ziemlich lustig und amüsant anzusehen.

Wer etwas länger als 1 Tag bleibt kann nun auch noch einige **Museen** anschauen, z.B. das **Vietnam Military History Museum** oder das **Hoa Lo Gefängnis**.

Viel mehr gibt es hier nicht zu tun. Das Interessante ist hauptsächlich wohl doch der **kulturelle Unterschied** und das vietnamesische Leben hier in Hanoi.
An den Verkehr würde ich mich zwar wohl nie gewöhnen, aber in gewisser Weise ist es ja auch ein Erlebnis. Eigentlich hält es sich schon ganz gut aus für ein paar Tage, auch wenn man sich erst mal daran gewöhnen muss, wie es hier zugeht.

Halong Bucht, Vietnam - 2 Tage durch die bizarre Inselwelt

Ein Ausflug zur Halong Bucht ist in Vietnam sicherlich eine der beliebtesten Touren bzw. Attraktionen. Die Bootsfahrt zwischen herausragenden Kalkfelsen ist schließlich auch ein Erlebnis, welches man auf einer Vietnam-Rundreise nicht missen sollte.

Praktischerweise kann man eine solche Tour auch in jedem der zahlreichen **Reisebüros** in Hanoi buchen oder **online**.

Oder man bucht es über das **Hotel**, was wir gemacht haben. Das geht natürlich auch, ist aber nicht unbedingt günstiger. Da mit unserer Online-Buchung aber etwas nicht geklappt hat, ließen wir es dann kurzfristig über das Hotel laufen.
Wie üblich wird man für die Tour auch immer **direkt vom Hotel abgeholt**, in dem man übernachtet. Möchte man nach der **Rückkehr** von der Tour, wieder im gleichen Hotel bleiben, kann man

sein Reisegepäck natürlich dort aufbewahren lassen.

Für eine Halong-Bay Bootstour gibt es aufgrund der zahlreichen Touristen, die dort hin wollen, auch entsprechend **zahlreiche Anbieter** bzw. Boote.
Vom Ganztagesausflug bis zur mehrtägigen Tour, von der alten "Dschunke" bis zum Luxusschiff, von der relaxten Bootsfahrt bis zum Partyboot, ist dort alles vertreten.

Wir haben uns für einen **2-Tagesausflug** (1 Nacht auf dem Boot) auf einem eher günstigen Boot entschieden. Gekostet hat der "Spaß" **etwa 130€** pro Person. Dabei war eine Übernachtung, sowie 2 mehrgängige Mittagessen und ein Abendessen und Aktivitäten bzw. Eintrittsgelder vor Ort **inklusive**.
Sicherlich bekommt man die Bootsfahrt aber auch etwas günstiger, wenn man sich vor Ort noch genauer informiert und umschaut.

Wer es sich leisten will, dem würde ich die 3-Tages-Tour empfehlen, da die 2 Tage doch ganz schön schnell rum waren.

Halong Bucht - Fahrt nach Ha Long

Früh am Morgen ging es dann los. Mit einem kleinen Bus wurden alle Fahrgäste nach und nach von den Hotels abgeholt. Die Fahrt zum Ort **Ha Long**, von wo aus die Boote losfahren, sollte etwa **3 Stunden** dauern. Eigentlich ist die Strecke gar nicht so lang, aber in Vietnam fahren sich 100 km eben nicht in einer Stunde.

Auf der Fahrt erzählt der **Tourguide** bereits einiges Wissenswertes über die Bucht und was für uns auf dem **Programm** stehen wird. Höhlenbesuche, Kajakfahrten und nicht zuletzt natürlich die Fahrt in der "Bucht" an sich, welche den eigentlichen Höhepunkt der Tour darstellt.

Angekommen am Pier wechselte man nach einer kurzen Pause auf ein kleines Boot, welches uns schließlich zum eigentlichen Schiff brachte, auf welchem man schließlich auch die Nacht verbringt.

Halong Bucht - Los geht's

"We are on the boat now" beginnt der Tourguide die Ansprache, als sich die versammelte "Mannschaft" im Speiseraum eingefunden hatte. Nach einer erneuten Bekanntmachung des Tagesablaufs, wird auch schon das **Mittagessen** aufgetischt, während sich das Boot in Richtung Kalkfelsen-Landschaft begibt. Beziehungsweise der erste Gang des Mittagessens.
Denn was das angeht, wurde man hier wirklich gut versorgt. Eine Platte folgte der anderen, ein Gang und noch ein Gang. Während man bei den ersten Gängen noch gut zugelangt hat, da man dachte, es sei gleich vorbei, musste man sich bei den letzten Gängen schon zurückhalten.
Auf jeden Fall eine schöne Auswahl an **vietnamesischen Gerichten**, die einem hier aufgetischt wurden, wobei jeder sicher satt wurde.

Nach dem Mittagessen haben wir erst einmal auf das **Sonnendeck** geschaut. Sonne war leider nicht vorhanden. Denn Mitte Februar ist die Halong Bucht noch recht oft in etwas Nebel gehüllt, so wie auch bei uns.

Trotzdem ganz entspannend hier oben mit einer wunderbaren Aussicht auf die vorbei fahrenden Felsformationen.

Irgendwann rief der Tourguide wieder. Es ist Zeit für die erste Aktivität: Die **Thien Cung Höhle** besichtigen!

Also wieder rauf auf das kleine Boot, um am Ufer anzulegen. Dies ist eigentlich der **touristischste** Punkt der Tour, da diese Höhle vermutlich jeder Touranbieter im Tagesprogramm hat und sich dementsprechend auch sehr viele Touristen hier befinden.

Fast schon in einer Art (Warte-)Schlange geht es den Berg ein Stück hinauf. Hier waren wirklich zu viele Touristen.

Kurz vor dem Eingang befindet sich ein schöner **Aussichtspunkt**; an dem man sich aber auch einigermaßen beeilen muss zum fotografieren, da hier jeder ein Foto machen möchte.

In der Höhle selbst verteilt es sich zumindest ein wenig mehr. Vom Tourguide erhält man wieder einige **Infos** zur Höhle und bekommt so manches gezeigt. Natürlich erkennt der geschulte vietnamesische Blick wieder einige Steine in Form von Tieren - oder Buddhas ;)

Manchmal aber auch nur einfach einen Zeigefinger...oder was einem die Fantasie auch immer erkennen lässt...

Die Höhle ist ziemlich stark **beleuchtet**, zumindest was die Auswahl an Farben angeht. Manch einer findet es sicherlich ziemlich kitschig - und sicher, eine normale Beleuchtung würde die Höhle natürlicher wirken lassen. Trotzdem ist es so auch ganz schön und vor allem ist die Höhle an sich, durchaus beeindruckend. Wer später nicht noch nach Phong Nha geht, wird hier sicherlich eine der schönsten Höhlen auf seiner Vietnamreise gesehen haben.

Nach einiger Zeit ist man dann durch. Der Tourguide wurde schon leicht unruhig, da wir noch "**Kajaking**" auf dem Programm hatten und es durch den vorhandenen Nebel früher dunkel wurde. Also aus der Höhle raus und wieder hinunter zum Schiff gelaufen.
Weiter geht's. Nach nicht allzu langer Zeit legte das Schiff an einer Art

Pier an, mit ein paar Häusern auf dem Wasser. Hier gab es also die Kajaks. Immer zu zweit wird man aufs Wasser geschickt.

In einem gewissen, vorgesehenen Gebiet, konnte man die Gegend auf dem Kanu erkunden. Der interessante Teil war eine Art Bucht, welche durch einen kurzen "**Tunnel**" erreichbar war.
Am Ufer sollten sich angeblich auch **Affen** befinden. Wir haben allerdings nur welche gehört, nicht gesehen.

Nach etwa einer Stunde rief der Tourguide wieder zur Rückkehr und das war eigentlich auch genug Zeit, zumindest wenn man so enthusiastisch durch die Gegend paddelt, wie wir.

Wieder zurück auf dem Boot ruft der Guide erfreulicherweise "**Teatime**". Es gibt vietnamesischen Tee und Kekse. Eine nette Abwechslung.

Vor dem Abendessen kann nun jeder seine Zeit verbringen wie er möchte.
Allzu viel gibt es nicht zu tun, aber zumindest hat man noch einmal eine schöne Aussicht auf die "Landschaft" und die anderen Boote, welche hier für die Nacht bleiben.

Halong Bucht - "Dinner Time!"

"Dinnaa Taaaiiim" ruft es unmissverständlich (zumindest wenn man das vietnamesische Englisch gewöhnt ist) und alle finden sich allmählich wieder im Speiseraum ein. Schließlich ist man nach dem Tag auch wieder hungrig, trotz des bereits üppigen Mittagessens.

Zum Abendessen hat man sich nun allerdings ein besonderes Spektakel ausdenken lassen. Eine Art Garnelen-Schnellkochmethode-Demonstration auf vietnamesische Art.

Diese bestand aus einigen vorbereiteten, glühenden Kohlen, über die die **Garnelen** gelegt wurden. Zum Anheizen des Ganzen wurde

Vodka darüber geschüttet. Deckel drauf. Und einige Sekunden später waren die Garnelen offensichtlich fertig. Das Ganze wurde mit einem extremen Dampf begleitet, der den Koch teilweise fast verschwinden ließ. Naja, wie auch immer die Prozedur nun genau ablief, wer auf Garnelen steht, wird hier seine Freude haben.

Auch die weiteren Gänge waren wirklich erstaunlich gut, zudem wir ja nur auf dem "low Budget" Boot waren.

Nach dem Essen, als ob man von Seafood noch nicht genug hatte, gab es eine weitere, freiwillige Aktivität: **Squid Fishing**.
Na gut, was heißt Aktivität. Es war Nacht und die Angeln sahen nicht sehr professionell aus. Trotzdem schien zumindest eine der Familien sehr fasziniert davon zu sein, da diese auch nach einer Stunde noch die Angeln ins Wasser hielten. Wir wandten uns dann aber doch wieder der Bar und einem Cocktail zum Abschluss des Tages zu.

Halong Bucht - Tag 2

Nach einem üppigen Frühstück, welches zwar nicht so beeindruckend, wie das Abendessen war, aber zumindest sättigend, steuerten wir auf eine der zahlreichen Inseln zu ("**Monkey Island**"). Denn außer den spitz herausragenden Kalksteinen gibt es natürlich auch ein paar begehbare Inseln und Strände.

Hier trafen wir dann auch auf einige **Affen**, welche die Besucher geradezu erwarteten, so konnte man zumindest den Eindruck gewinnen. Jedenfalls waren diese die Touristen offenbar gewohnt. Von Schüchternheit keine Spur. Eher das Gegenteil.

Ab hier gab es **2 Möglichkeiten**. Die faule Möglichkeit: Am, durchaus schönen Strand zu relaxen. Oder Möglichkeit 2: über etliche Stufen den Berg hinauflaufen, um eine nette Aussicht zu erhalten.

Natürlich konnten wir es nicht lassen, den Berg hinaufzulaufen. Kurz aber anstrengend ging es nach oben, geschätzte 100 Höhenmeter. Auch wenn die Aussicht nun nicht unglaublich war, hatte man zumindest eine nette Sicht auf die umliegende Landschaft und einen

Strandabschnitt.

Wieder an Bord angekommen, gab es kurz vor dem Mittagessen nun noch die Möglichkeit **eigene Frühlingsrollen** mit einer Art Reisteig zu basteln. Hat zwar oftmals mehr schlecht, als recht funktioniert, ohne, dass die Frühlingsrolle auseinanderfällt aber dennoch ein schöner Appetizer, bevor es noch einmal Mittagessen gab. Ab hier befanden wir uns nun auch bereits auf der **Fahrt zurück** Richtung Hafen. Ein letztes Mal auf dem Sonnendeck ohne Sonne ausgeruht und dann ging es auch schon wieder zur Anlegestelle.

Mit dem **Bus** wieder zurück nach Hanoi und so ging eine unterhaltsame und sehr interessante Bootstour zu Ende, welche ich nächstes Mal vermutlich aber auf 3 Tage ausweiten würde. Insgesamt ein sehr schöner Ausflug, der eigentlich zu jeder Vietnamreise dazugehört.

Sehenswürdigkeiten in Sapa, Vietnam

Sapa zählt zu den beliebtesten Reisezielen auf Vietnam Reisen. Dieser Ort ist bekannt für sein angenehmes Klima, eine authentische Naturlandschaft mit der imposanten Gebirgskette Hoang Lien Son, in der sich der höchste Gipfel Indochinas Fansipan befindet, unzähligen atemberaubenden Reisterrassen und verlassene Dörfer der ethnischen Minderheiten.

Im Rahmen einer Vietnam Rundreise kann man **2 bis 3 Tage für Sapa** einplanen. Von **Mai bis Oktober** ist die beste Reisezeit für Sapa, in der man die saftig-grünen oder gelben Reisfelder bestaunen kann. In den kommenden Abschnitten finden sich die bekanntesten Sehenswürdigkeiten in Sapa, die in jedem Programm stehen sollten.

1. Der Berg Ham Rong

Der Berg Ham Rong liegt im Stadtzentrum, das man zu Fuß erreicht, wenn man in einem zentral gelegenen Hotel übernachten will. Der

Berg sieht aus der Ferne wie ein fliegender Drache aus, weshalb er zu seinem Namen „Ham Rong“ gelangte. Auf dem Berg befindet sich ein großer Garten, in dem zahlreiche Blumenarten gepflanzt werden. Dabei am zahlreichsten Orchideen. Auf dem Ham Rong Berg kann man sich einen wunderbaren Panoramablick über die Kleinstadt Sapa verschaffen. Es lohnt sich, den Berg zu besteigen, wenn man in die frische Natur eintauchen möchte.

2. Die alte Steinkirche

Die alte Steinkirche befindet sich auch im Stadtzentrum, in der Nähe von dem Weg zum Berg Ham Rong.

Sie wurde 1895 aufgebaut und wird als das Symbol für Sapa und die letzte Spur der alten Architektur aus der französischen Kolonialzeit angesehen.

3. Fansipan-Gipfel – das Dach Indochinas

Der Berg Fansipan gehört zu der Gebirgskette Hoang Lien Son und gilt als der höchste Berg Vietnams mit einer Höhe von 3.143 Metern. Dieser Gipfel wird als das Dach Indochinas bezeichnet und ist ein großer Stolz von Vietnam.
Früher ist Fansipan ein beliebtes Reiseziel für Abenteuer und Trekking Reisen in Vietnam gewesen. Wanderer brauchten bis zu drei Tage, um den Gipfel zu erobern. Das war kein leichter Weg, denn man

muss durch Wälder und Berge wandern. Mittlerweile ist es eine Sache in Minuten. Heutzutage können Touristen den Berg problemlos mit der Seilbahn erreichen.

4. Dörfer der ethnischen Volksgruppen

In Sapa finden sich verschiedene Dörfer der ethnischen Minderheiten, vor allem die H'Mong und Rote Dzao Volksgruppe. Sehr bekannt für Touristen sind Dorf Cat Cat, Ta Phin, Lao Chai, Ta Van... wobei die traditionelle Kultur der Einheimischen noch zu sehen ist. Die Dörfer entdeckt man zu Fuß.

Dorf Cat Cat

Cat Cat ist das meistbesuchte ethnische Dorf in Sapa, da es nur 2 km vom Stadtzentrum entfernt ist. Im Dorf leben die Schwarzen H'Mong seit Generationen. Auf dem Weg zum Dorf kommt man an Reisterrassen vorbei. Entlang des Weges findet man Souvenirläden mit den zahlreichen handwerklichen Produkten der H'Mong, sowie Stickschale, bunte Kleider der H'Mong, der feine Silberschmuck und -ketten. Im Dorf befindet sich auch ein Bach, der kurvenreich um das Dorf fließt.

Dorf Lao Chai – Ta Van

Lao Chai – Ta Van sind zwei nebeneinander gelegene Dörfer, welche bisher noch abseits des Massentourismus blieben. Die authentische Landschaft macht sie zum perfekten Ziel einer Wanderung.
Lao Chai – Ta Van befinden sich im Tal und sind von Bergen und Reisterrassen umgeben. Beim Besuch des Dorfes kann man einheimische Bewohner und Kinder in ihrer bunten traditionellen

Kleidung antreffen und Fotos mit ihnen machen.

Dorf Ta Phin

Ta Phin ist ein Dorf der Roten Dzao, ca. 11 km östlich vom Stadtzentrum entfernt gelegen. Von Sapa aus kann man das Dorf in ca. 30 Minuten mit dem Pkw oder per Moped erreichen.

Der Weg zum Dorf ist meistens erdig, felsig und besonders rutschig nach dem Regen.
Die Rote Dzao im Dorf ist professionell bei der Herstellung der Brokat-Produkte und der traditionellen Heilung mit Kräutern.
Der Besuch des Dorfes Ta Phin kann gut mit Ma Tra, einem nahe gelegenen Dorf der H'Mong kombiniert werden, wodurch sich eine schöne Wanderroute bildet. Zurzeit ist das Homestay sehr populär in diesen Dörfern.
Wer über das lokale Leben mehr erfahren will, kann sich für diese Art der Unterkunft entscheiden. Bei einem Homstay wohnt man zusammen mit einer Gastfamilie und hat die Chance, ihre Sitten,

Gebräuche und Lebensweisen kennenzulernen.

6. Tal Muong Hoa - das historische Steinfeld

Das Tal Muong Hoa ist ebenfalls ein Highlight von Sapa. Es gehört zum Hau Thao Distrikt, 8 km südöstlich von Sapa entfernt. Um das Tal zu erreichen, folgt man einer kurvenreichen, hohen Bergstraße. Die Landschaft hier ist sehr ursprünglich und spektakulär. Das Tal sieht sehr groß aus, ca. 8 Quadratkilometer und ist von Bergen und Reisterrassen umgeben. Im Tal befinden sich die schönsten Reisterrassen in Sapa.

Auf dem Reisfeld stehen kleine Häuser der lokalen Bewohner, die wie kleine Punkte aus der Ferne aussehen. Was das Tal auch sehenswert macht, sind neben wunderschönen Reisfelder vor allem die antiken, bizarren Steinblöcke, auf denen mysteriöse Zeichnungen geprägt werden. Bisher wurden ungefähr 196 Steinblöcke in der Umgebung gefunden.

7. Silberwasserfall

Der Silberwasserfall ist ebenfalls ein sehenswertes Ausflugsziel von Sapa aus. Von Weitem sieht er aus wie ein langes weißes Seidenband. Die Fahrt mit dem Moped zum Wasserfall dauert etwa **1 Stunde**. Der Wasserfall liegt direkt an der Hauptstraße.
Man kann mit Treppen ungefähr zur Hälfte des Wasserfalls hinaufsteigen, ihn überqueren und auf der anderen Seite wieder absteigen. Der Wasserfall, sowie der Weg dorthin, bieten einen wunderschönen Blick auf die Natur.
Wenn man weiter geht, gelangt man auf den O Quy Ho Pass – einen der höchsten Pässe in Vietnam.

8. Sapa's Markt

Der Markt von Sapa ist nur 1 km von Stadtzentrum entfernt, in der Nähe vom Busbahnhof gelegen. Er wird täglich geöffnet, ist am Samstag aber am trubeligsten. Im Markt werde verschiedene Waren verkauft. Am zahlreichsten findet man Souvenirs, die von den ethnischen Minderheiten produziert werden, Obst und Gemüse, wie auch traditionelle, vietnamesische Heilmittel.

Obwohl Sapa heutzutage touristisch wird bzw. geworden ist, ist die Stadt immer noch besuchenswert. Viele Gebäude, Hotels und Unterkünfte werden und wurden gebaut. Trotzdem bleiben noch die authentischen Dörfer der Bergbewohner.

Die atemberaubende Reislandschaft in Sapa macht den unverzichtbaren Reiz von Sapa aus.

Im Folgenden sind zum Schluss noch ein paar Hinweise für einen Sapa-Besuch:

- **Anreise:** von Hanoi kann man den Bus nach Sapa nehmen. Alternativ gibt es auch Nachtzüge. Der Nachtzug bietet eine 4-Bett-Kabine, d.h man muss sich die Kabine mit anderen teilen. Der Nachtzug fährt am Abend ab und kommt in Lao Cai am frühen Morgen am nächsten Tag an. Von Lao Cai fährt man mit dem Bus weiter nach Sapa.

- Bzgl. des **Wetters** hat Sapa ein angenehmes Klima, aber es gibt einen großen Unterschied zwischen Tages- und Nachttemperatur. Es kann kühl und kalt in der Nacht sein. Besonders kann es in Sapa in der Winterzeit zwischen Dezember und Januar schneien. Viele Vietnamesen besuchen Sapa diesem Zeitraum nur, um Schnee zu sehen.

- Wenn man plant, den Berg zu besteigen oder durch Dörfer zu trekken, ist es empfohlen, eine Jacke mitzubringen und sich sportlich zu kleiden. Außerdem sind Mückenschutzmittel (am besten "Nobite") empfehlenswert.

Warum Phong Nha eines der schönsten Highlights Vietnams ist

So ziemlich in der **Mitte Vietnams** - umgeben von hunderten **Reisfeldern** und touristisch erst relativ spät erschlossen - liegt eines der interessantesten Gebiete des Landes.

Auch bekannt als **Phong Nha-Ke Bang** Nationalpark dreht es sich hier vor allem um eines: **Höhlen**.

Ich blieb hier **2 volle Tage**, was für diese Region auch das Minimum sein sollte. Neben einigen unterschiedlichen und wirklich faszinierenden Höhlen, kann man hier nämlich auch noch ein wenig den **ländlich geprägten** Teil Vietnams erleben.
Vor 10-15 Jahren gab es hier schließlich noch kaum einen Touristen und auch heute ist es noch kein Massentourismus-Ziel.
Tendenziell nimmt die Anzahl an Touristen dennoch weiter zu, wie so oft.

Unterkunft in Phong Nha / Phong Nha Farmstay

Die bekannteste und wohl auch eine der ersten (oder die erste?) Unterkunft in der Gegend ist das "**Phong Nha Farmstay**".
Diese Unterkunft liegt inmitten von Reisfeldern und versteht sich als eine Art Hostel mit gehobenerem Standard. Die Zimmer sind schließlich auch ein wenig teurer, als in vergleichbaren budget Hostels.
Da die Unterkunft sehr beliebt ist, sollte man **vorher reservieren** („https://phong-nha-cave.com/booking“). Wir hatten 2 Tage zuvor kein Zimmer mehr reservieren können.

Eines der **alternativen Hostels**, welches auch ganz nett ist, aber, wie die meisten anderen Unterkünfte, an der Straße liegt, ist das Easy Tiger Hostel („http://www.easytigerhostel.com“), in dem wir übernachtet hatten.

Ansonsten gibt es natürlich noch einige andere Hotels.

Phong Nha Cave - Bootstour

Als wir damals bereits in der Früh (nach dem Nachtzug) im Easy Tiger Hostel angekommen sind, gab es von einem der Hostel-Mitarbeiter eine kleine Einführung über die Gegend und was es hier so zu tun gibt.

Nachdem einige Reisende an der Bootstour zur sogenannten **"Phong Nha Cave"** interessiert waren, schlossen wir uns den Anderen an, womit wir schließlich eine **Gruppe** von etwa 10 Leuten waren, die sich zur Anlegestelle ganz in der Nähe begaben.

Es läuft hier in der Regel so, dass man sich ein komplettes "Dragon Boat" mit Bootsführer mieten kann. Der Preis wird auf alle Mitfahrer aufgeteilt. Wer also auf eigene Faust zum Boots-Pier geht, wartet in der Regel darauf, dass andere Touristen mitfahren wollen, sodass der

Preis aufgeteilt werden kann.

Die Phong Nha Cave, zu der es letztendlich gehen soll, ist eine Höhle, die nicht begehbar ist, sondern durch die man mit dem **Boot durchfährt**.

Bevor wir dort ankamen, hielten wir allerdings noch vor einer anderen Höhle an (**Tien Son Cave**). Bzw. darunter. Denn der Eingang befindet sich am Berg, welchen man nach etwa 330 anstrengenden Stufen erreicht.

Die Höhle ist auch schon beeindruckend, bietet im Vergleich zur "Vorzeigehöhle" Paradise Cave (dazu gleich mehr) aber nur einen Vorgeschmack.

Nach etwa einer Stunde waren wir wieder unten und das Boot inklusive Bootsführerin wartete noch auf uns.

Gut, also weiter geht es, Richtung Phong Nha Cave.
Diese Höhle war die erste dem Tourismus geöffnete Höhle in der Gegend. Außerdem galt sie **einst als größte Höhle Vietnams**. Erst 2009 wurde allerdings die "Son Doong"-Höhle entdeckt, welche nun sogar die größte Höhle der Welt ist.

Nach der Durchquerung der Höhle ging es wieder über den Fluss, zurück zum Bootspier.

Eine schöne **Halbtagesunternehmung**, die man gut am ersten Tag machen kann, um am Tag danach die anderen Highlights von Phong Nha zu erleben.

Phong Nha Cave

Wer nachmittags Zeit hat, sollte es sich übrigens nicht nehmen lassen und einfach mal mit dem **Fahrrad** durch die zahlreichen Reisfelder und Landschaften fahren. Beim Easy Tiger Hostel gab es Fahrräder kostenlos.

Phong Nha Farmstay National Park Tour (Paradise Cave/Dark Cave, uvm.)

Eine sehr schöne, wenn auch nicht ganz billige Möglichkeit, sowohl den Nationalpark, als auch zwei der interessantesten Höhlen in diesem Gebiet zu erleben, ist die **National Park Tour des Phong Nha Farmstays.**

Neben einigen anderen Touren in der Gegend, gilt diese Tour als das **Original**, sozusagen die Vorzeige-Tour.

Die Tour ist mittlerweile schon ziemlich teuer, zumindest für vietnamesische Verhältnisse, aber dafür war sie auch ein Highlight dieser Vietnam Reise. Zurzeit zahlt man für diesen Ganztagesausflug 1,45 Mio. Dong, was ca. **60€** sind.

Am Morgen wird man wie üblich mit einem Minibus von der Unterkunft abgeholt und dann geht es erst ein mal in vietnamesisches **Dschungelgebiet bzw. den Nationalpark**.
Bei ein paar ersten Stopps bekommt man einiges über den damaligen Vietnamkrieg, den Nationalpark und die Höhlen in dieser Gegend erzählt, was ganz interessant ist.

Weiter geht es zum ersten richtigen Highlight der Tour, der **Paradise Cave**. Am Parkplatz dort angekommen, fährt man zunächst ein kurzes Stück durch den Dschungel mit einer Art offenen Geländebus. Nach einer weiteren, leicht mühsamen Strecke aufwärts, gelangt man schließlich an den **Eingang**.

Vor dem Eingang merkt man schon, dass es in der Höhle deutlich kühler ist, was bei der Hitze und nach dem Aufstieg aber sehr angenehm ist.

Die Höhle an sich ist **riesig**. Schon der erste Raum, bei dem es zunächst einige Treppen hinunter geht, ist besonders groß und die Paradise Cave toppt alles, was ich bisher an Höhlen gesehen habe.

Nicht nur die Größe ist bemerkenswert, sondern auch die ganzen Formen und Dimensionen der unterschiedlichen **Stalagmiten und Stalaktiten**.

Um bis zum Ende des begehbaren Teils zu gelangen, dauert es schon etwas. Der Weg führt allerdings recht komfortabel über **Holzstege** bis dorthin.
Der ausgeleuchtete Teil ist etwa **1km** lang. Es gibt allerdings geführte Touren (ca. 7 km lang), mittels derer man auch den restlichen begehbaren Teil erkunden kann.

Nach einem Mittagessen ging es dann zum **actionreichen** Teil der Tour.
Die **Dark Cave**, um die es als nächstes geht und die wohl einfach nur

so heißt, weil sie nicht beleuchtet und daher eben dunkel ist, war nur **über das Wasser** zu erreichen.

Allerdings erst einmal nicht per Boot, sondern über eine **Zipline**. Das heißt, man klettert einen kleinen Turm hoch, wird dort oben am Seil befestigt und ab geht es über die Bäume und das Wasser.

Nach dem Ziplining muss man wohl oder übel ins Wasser (was zwar nicht eisig, aber auch nicht wirklich warm ist) springen, um dann ein kurzes Stück zum Eingang der Höhle zu schwimmen.

Ab hier hat nun jeder seine **Stirnlampen** an und rein geht es in die **Dunkelheit**. Die Höhle ist teils sehr lehmig/schlammig und nach kurzer Zeit erreicht man auch schon die erste Hürde. Man muss ein Stück in der Höhle **schwimmen**, um weiter zu kommen. Das Wasser ist nun doch schon sehr frisch, aber eine Wahl hat man nicht.

Nach einigen Minuten und durchschwimmen der Höhle, kann man wieder laufen und es wird immer enger hier drin. Und schlammiger. So schlammig, dass man irgendwann, am Ende der Höhle, man ahnt es fast, in ein wahres **Schlammbad** "hineinfällt".
Dieser hintere Teil ist wirklich hüfttief mit Schlamm gefüllt, was sich erst einmal sehr "interessant" anfühlt. Zumindest, wenn man keine Moorbäder und ähnliches gewöhnt ist.

Nachdem sich jeder nun so richtig besuhlt hat, schalten alle für etwa eine Minute das Licht aus und es herrscht Ruhe. In völliger Dunkelheit und Stille im Schlamm einer Höhle schwimmen - definitiv ein interessantes Erlebnis.

Nach dem Schlammbad geht es schließlich wieder raus aus der Dark Cave und man wird mit einem kleinen Boot zum Ufer gebracht.
Hier wartet der letzte kleine Abenteuer-Kick.
An einer **Mini-Zipline**, die direkt über das Wasser führt und an der man sich nur mit den Händen festhält, springt man an dessen Ende direkt ins "kühle Nass".
Ein sehr lustiges Erlebnis zum Schluss. Nach einem letzten Bier und

einer schönen Aussicht auf das Wasser und den Dschungel geht es schließlich am **späten Nachmittag wieder zurück**.

Ein wirklich erlebnisreicher Tag mit zwei der interessantesten Höhlen, die ich bisher gesehen habe und an dem auch die Action nicht zu kurz kam.

Dies waren nun einige empfehlenswerte Aktivitäten und Orte, die man rund um Phong Nha machen kann und für die sich ein Abstecher in dieses wunderschöne Gebiet Vietnams auf jeden Fall lohnt.

Anreise nach Phong Nha

Zur **Anreise** von Hanoi aus empfiehlt sich ein **Nachtzug bis „Dong Hoi"**. Von Dong Hoi aus kann man sich ein **Taxi** nehmen (ca. 15-20€).
Alternativ gibt es wohl auch einen **örtlichen Bus** (hat bei uns aber nicht so geklappt).
Auch die jeweiligen Hostels vor Ort bieten auf Anfrage teilweise einen **Minibus-Service** an, falls mehrere Reisende zur gleichen Zeit ankommen.

Zur **Weiterreise** kann man direkt in Phong Nha einen **Nachtbus** oder einen **Bus am frühen Morgen** buchen (haben wir gemacht).

Vietnam Mekong Delta - lohnenswerte Tagestour ab Saigon

Nach unserer Rundreise durch Vietnam, die in Hanoi startete und einem Abstecher auf die entspannte Insel Phu Quoc, hatten wir noch einen vollen Tag Zeit in Saigon. Die Stadt hatten wir ein paar Tage vorher bereits erkundigt. Fast noch interessanter ist jedoch das etwas außerhalb liegende Flussdelta des Mekong Rivers.

Das Mekong Delta an sich ist groß und es gibt viele Möglichkeiten, dieses zu entdecken. Die **schwimmenden Märkte** besuchen, klassische **Bootstouren** oder gar eine **Fahrradtour** rund um die Landschaft des Mekong.
Da wir aber nur noch Zeit für einen Ganztagesausflug hatten, **buchten** wir einen solchen online (über vietfuntravel.com). Wie üblich kann man sowas aber auch in jedem Reisebüro oder Hotel vor Ort buchen. Gekostet hat der Spaß **20$**. Mittlerweile sind es wohl 25$. Insgesamt aber dennoch günstig.

Vietnam Mekong Delta Tour - frühe Abfahrt mit Minibus

Bereits um **8 Uhr** beginnt die Tour und damit auch eine immerhin etwa knapp **2-stündige Anfahrt** bis an den Hafen My Tho.

Unsere Gruppe bestand aus etwa 15 Leuten, was noch eine ganz angenehme Größe ist. Durch den dichten Verkehr Saigons geht es auf die Landstraße. Unterwegs fährt man an etlichen Reisfeldern vorbei, der Tourguide erzählt einiges über Vietnam und das Mekong Delta.

Tatsächlich sind wir die einzigen nicht-vietnamesischen Touristen auf dieser Tour. Ungewöhnlich, verglichen mit anderen Touri-Touren.

Am kleinen Hafen geht's dann über auf ein Ausflugsboot. Unterwegs passiert man einige Fischerhäuschen, teils auf Stelzen gebaut und erfährt zumindest ein wenig, wie das Leben auf dem Mekong Fluss abläuft.

Etwa **20 Minuten** dauert es, bis man das erste Ziel auf dem Mekong Delta erreicht: **Unicorn Island.**

Vietnam Mekong Delta Tour - Unicorn Island

Zugegeben, die nächsten Stationen auf der Tour sind schon recht auf Touristen zugeschnitten und spiegeln nun nicht mehr wirklich das "echte" Leben der Einwohner hier wieder. Dennoch ganz interessant zu sehen, was dort alles produziert wird und wie man sich hier seinen Lebensunterhalt verdient.

Als Erstes macht man Halt bei einer **Bienenfarm** und bekommt anschließend einen Tee mit dem hier gemachten Honig. Die Absicht, dass man etwas vom Honig kauft ist dabei nicht ganz zu übersehen ;)

Anschließend wird man ein wenig über die Insel geführt, vorbei an einigen kleinen **Märkten** bzw. Verkaufsständen, bis man bei einem weiteren Tee und Obst etwas vietnamesische Volksmusik auf die Ohren bekommt. Ob das hier jemals so aufgeführt wird, auch ohne

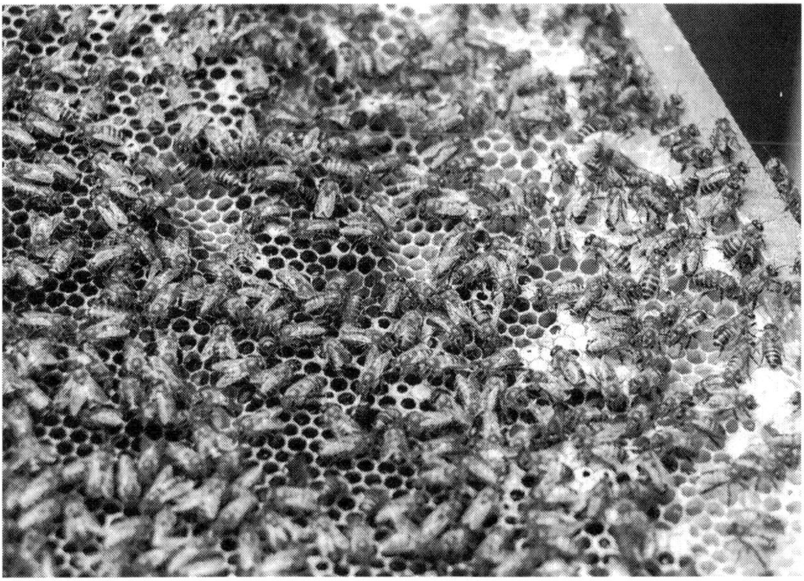

Touristen ... ich weiß es nicht.

Nach dieser kleinen "Pause" geht es zum mitunter interessantesten Teil. Ich denke, die meisten Bilder, auf Postkarten oder Katalogen, vom Mekong Delta stammen auch von dort.

Hier geht es durch ein paar enge Seitenflüsse hindurch mit den **typischen langen Holzbooten**. Diese Boote sind so mitunter das wackeligste, auf dem ich auf Wasser bisher gefahren bin.

Daher ist es relativ wichtig, das Boot gut zu stabilisieren.

Ich denke, wenn sich bereits eine Person auf den Rand stellt, kippt das ganze Boot um.

Die Vietnamesen selbst haben das natürlich gut drauf, die Gefahr stellen hier wohl eher die Touristen dar.

Etwa **15 Minuten** paddeln die Bootsführer hier hindurch, bei einem durchaus regem Gegenverkehr.

Irgendwann gelangen wir an eine Anlegestelle. Hier gilt wieder Vorsicht beim Aussteigen, sonst landet man noch im Wasser.

Der nächste Stopp führt nach einer kurzen Fahrt mit unserem großen Boot auf eine weitere kleine Insel, inmitten des Mekongs.

Hier gibt es nun Mittagessen. Leider war das schon etwas kalt, als es auf den Teller kam und nicht gerade das beste, das wir in Vietnam hatten.

Andererseits, bei einem Preis von 20$ für die gesamte Tour sollte man diesbezüglich vielleicht auch nicht die höchsten Ansprüche haben.

Vietnam Mekong Delta Tour - Kokosnuss Fabrik

Das nächste Ziel führt wieder durch einen Nebenlauf des Mekong Rivers. Diesmal ist man aber mit dem normalen Ausflugsboot unterwegs. Nach etlichen Kurven durch Schilfe und Palmen gelangt man schließlich an Land. Die vielen **Kokospalmen**, die hier wachsen sind bereits auffällig. Kein Wunder, dass hier etwas mit Kokosnüssen produziert wird.
Und tatsächlich wird hier so Einiges hergestellt - von Holzfiguren bis Bonbons, alles aus Kokos.
An der Kokosnuss selbst wird übrigens so ziemlich alles verwendet. Die "Schale" zum Beispiel wird als Brennholz genutzt, um die Maschinen anzutreiben.

Nach einer kleinen Verkostung (und wer möchte dem Kauf von Kokosprodukten), geht es zurück auf unser Boot und wieder raus aus dem Dschungel auf den Mekong River.

So langsam geht unsere **Tagestour** nun auch zu **Ende**. So gut wie alle anderen Touristen aus unserer Truppe haben die 2-Tagestour gebucht und bleiben daher auch weiter hier. Hätten wir mehr Zeit gehabt, wäre das vermutlich auch die bessere Option gewesen.

Dennoch hat man mit dieser Ganztagestour zumindest einen kleinen Einblick in das Treiben auf dem Mekong River erhalten.
Zurück geht's die gleiche Strecke wieder mit einem Minibus nach **Saigon,** um am späten Nachmittag wieder am Hotel anzukommen.

Phu Quoc Island - Vietnams Trauminsel im Süden + Highlights

Vietnam kann es mit Inseln und Stränden im Allgemeinen nicht wirklich mit Nachbarländern wie Thailand aufnehmen. Bis auf eine Ausnahme. Die schöne Insel Phu Quoc im Süden Vietnams, bekannt für Fischsauce, Perlen und schöne Strände.

Als wir in Vietnam unterwegs waren, lasen wir über Vietnams größte Insel Phu Quoc, welche sich im äußersten Süden des Landes, an der Grenze zu Kambodscha befindet.

In erster Linie liest man dabei immer wieder von der **Fischsoße**, für welche die Insel so berühmt ist. Naja, ehrlich gesagt bin ich kein Fan von dieser Fischsoße, aber das ist wohl Geschmackssache.

Interessanter ist dagegen der Fisch allgemein, welcher auf der Insel quasi eine Hauptspeise ist. Auch bekannt ist Phu Quoc für seine **Perlen-Farmen**. Überall auf der Insel wird versucht Perlenschmuck zu verkaufen. Wenn man nicht gerade an unechte Perlen gerät, kann man hier, verglichen mit üblichen Preisen für Perlenketten und dergleichen, richtige Schnäppchen machen.

Davon abgesehen gibt es auf der Insel vermutlich den **schönsten Strand in Vietnam**. Dazu noch mehr.

Leider findet zurzeit auch ein Umbruch im **Tourismus** dieser Insel statt, wodurch Phu Quoc sich in den nächsten Jahren vermutlich sehr verändern wird.

Während es aktuell noch ruhig ist und es sich mit Touristen schön in Grenzen hält, wird das in ein paar Jahren wohl nicht mehr so sein. Schon jetzt wird an vielen Stellen der Insel angefangen, riesige Resorts zu bauen, welche in ein paar Jahren fertig sein werden. Auch der Flughafen, der bisher nur innerhalb von Vietnam Flüge bedient hat, weitet sich auf innerasiatische Flüge aus.

Deshalb: Wer die entspannte Atmosphäre, die angenehmen Preise und das angenehme Verhältnis von Tourismusaufkommen noch erleben will, sollte Phu Quoc Island möglichst bald besuchen. Ich würde jedenfalls bei einemVietnam-Besuch wiederkommen, solange es noch so schön ist, wie letztes Mal.

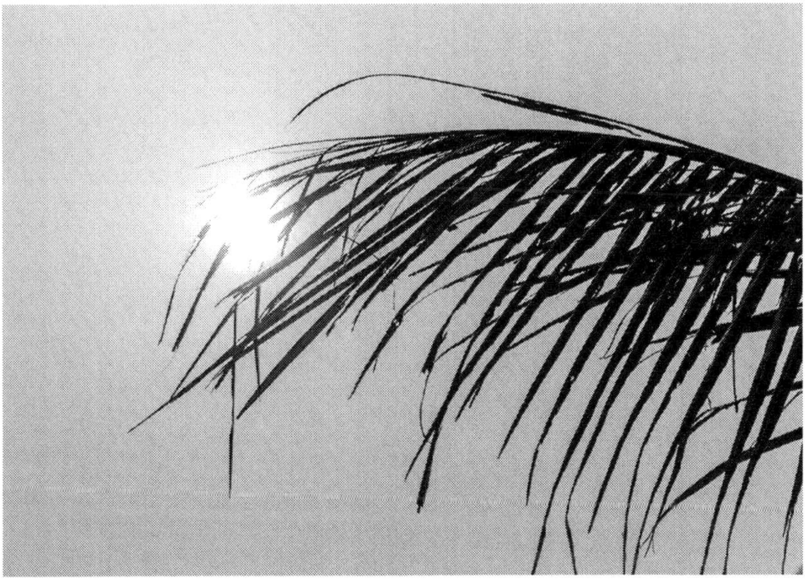

Wie gelangt man auf die Insel?

Um auf die Insel zu gelangen empfiehlt sich auf jeden Fall ein Flug von Ho-Chi-Minh-City, da dieser relativ günstig ist und die Alternative Bus/Fähre zum einen sehr lange dauert und auch nicht wesentlich billiger ist.
Unser Hin/Rückflug hatte etwa **75€** pro Person gekostet. Im Grunde kann man wieder eine der Flugsuchmaschinen (Momondo oder Skyscanner) nehmen, da diese auch die lokalen Billig-Airlines miteinbeziehen.
Mehr zu günstigen Flügen im Kapitel auf Seite 105.

Unterkunft auf Phu Quoc

Vor Ort hätte man, als wir da waren, auch **spontan** noch ein Zimmer bekommen.
Vom Flughafen nimmt man einfach ein **Taxi** in Richtung Stadt. Diese sind hier sowieso recht günstig.
Auf dem Weg dorthin findet man einige Bungalow-Anlagen und andere Hotels bzw. Resorts. Um auf Nummer sicher zu gehen und die günstigsten Angebote zu finden, empfiehlt sich natürlich wie immer die Vorausbuchung über eines der Buchungsportale.

Die meisten Unterkünfte befinden sich am **Long Beach**, bzw. in der Nähe.
Die günstigeren Bungalows usw. befinden sich etwa 1-2 km südlich der Stadt am Long Beach. Südlich vom Flughafen werden am Long Beach dagegen zurzeit die neuen Resorts hochgezogen. Am besten und günstigsten fährt man daher aktuell, wenn man sich **südlich der Stadt** nach Unterkünften umschaut.

Wer am **schönsten Strand der Insel** wohnen möchte, muss sich nach Hotels/Resorts am Sao Beach umschauen. Hier ist es natürlich teurer zu übernachten.

Warum diese Insel für mich ein Highlight in Vietnam war und was man hier alles machen kann, erfährst du in den folgenden 3 Highlights und Aktivitäten.

1. Das Essen

Hot Pot

Das Essen hier war für mich tatsächlich ein Highlight. Nicht so sehr die berühmte Fischsoße, als vielmehr der Fisch und die Zubereitung. Was man hier unbedingt probieren sollte, ist der sogenannte **Hot Pot**, eine vietnamesische Spezialität, die ähnlich wie Fondue funktioniert.

Dabei kann man sich vorher einen Fisch aussuchen. Bei mir war das z.B. einmal Hai.
Bevor man den Fisch isst, wird der Hot Pot vorbereitet. Hierzu wird das Fonduegerät, wenn man es so nennen will, angemacht und der Topf, welcher bereits eine Brühe und Gemüse enthält darauf gestellt und das Gemüse gekocht. Man kann selber bestimmen, was alles im Hot Pot sein soll.

Anschließend kommt der Fisch rein und wird auch gekocht. Wenn das soweit fertig ist, isst man dazu Reisnudeln und was es eben sonst noch so alles gibt.
Ich muss sagen, diese Fischsuppe war das beste Essen, das ich in Vietnam hatte und eine der besten Suppen überhaupt.
Und wäre das noch nicht genug, hat der ganze Hot-Pot-Spaß gerade einmal umgerechnet **5€** gekostet und das in einem anständigen Restaurant.

Für Fischliebhaber ist Phu Quoc daher sicher ein Paradies. Wer es noch günstiger haben will, bekommt frischen Fisch auch in **Garküchen** (Streetfood).
Hier hatte ich einmal einen frischen, gegrillten Fisch für **2€**. Auch dieser war sehr gut.
Wird eben alles frisch gefangen hier. In der Stadt gibt es übrigens auch einen Nachtmarkt/Fischmarkt.
Dieser hatte leider immer zu, als wir dort waren, aber hier gab es an sich auch viele gute Sachen zu essen. Bestimmt lohnenswert.

Eine weitere Spezialität ist **Seeigel**. Diesen hatten wir auf einer Bootstour zum Probieren bekommen. Viel Fleisch ist in so einem Seeigel ja nicht, aber gut geschmeckt hat es schon. War aber auch gut angemacht.

2. Cocktails, Sonnenuntergänge, Long Beach

Der Long Beach hat gewissermaßen einen Vorteil durch seine Größe. Dadurch verteilt sich alles ganz gut und es ist nirgendwo wirklich zu viel los. Jedenfalls sind die **Sonnenuntergänge** hier wirklich schön. Natürlich gibt es auch einige entspannte Strand-Bars über den Long Beach verteilt. Und was gibt es schöneres, als direkt am Meer zu sitzen und den Sonnenuntergang mit einem guten **Cocktail** zu genießen. Entspannung pur.

Und auch sonst ist die Atmosphäre eigentlich auf ganz Phu Quoc eine sehr entspannte und lässige, was wohl auch daran liegt, dass es noch nicht so überlaufen ist und es zum anderen kaum Verkehr gibt.

Hier könnte man auch überlegen, einen Roller zu mieten, was ich im restlichen Vietnam eher nicht empfehlen würde.

3. Eine Sightseeing/Boots-Tour machen

Eine solche Tour ist hier wirklich lohnenswert. Es ist **günstig** und es wird viel geboten.
Unsere Tour hat **15$** gekostet und ging den ganzen Tag über.

Die Touren kann man vor Ort fast überall buchen. Entweder im Hotel oder in Reisebüros in der Stadt. Ich denke, die Unterschiede zwischen den Tour-Anbietern sind nicht allzu groß. Im Grunde machen alle in etwa die selbe Tour.

Wie üblich wird man bei der Unterkunft abgeholt und mit den anderen Tour-Gästen geht es Richtung Süden, also in Richtung Bootsanleger.
Hier sieht man auch nochmal, dass der südliche Teil des Long Beaches zurzeit eigentlich kaum besiedelt ist, überall aber die neuen

Großprojekte (Resorts, etc.) in Planung oder schon im Bau sind. Bevor es zum Boot geht, besucht man natürlich vorher noch eine **Perlenfarm**.
Ganz interessant ist die Demonstration, wie die Perlen gewonnen werden. Danach soll man natürlich noch den Perlenschmuck anschauen, in der Hoffnung etwas zu kaufen. Ein Grund, warum die Tour so günstig ist, vermutlich.

Dann geht es aber endlich auf das **Boot**. Erster Punkt auf der Tagesordnung ist: **fishing**. Nicht, dass ich jetzt so scharf drauf war, zu angeln. Aber dann habe ich es eben doch mal ausprobiert. Also Angel über die Reling gehalten ... und tatsächlich einen der größeren Fische gefangen.

Zu Essen gab's den aber dann trotzdem nicht ... warum, weiß ich auch nicht.
Anschließend ging es zur ersten **Schnorchelrunde**. Das Boot hielt vor einer der umliegenden Inseln an und los ging es - Schwimmflossen und Schnorchel angezogen und rein ins Wasser.

Hier gab es einige schöne Korallen. Kommt zwar noch nicht an manche Gegenden in Thailand ran, aber immerhin.

Nach der ersten Schnorchelrunde gab es Mittagessen und Seeigel zum probieren.
Dann ging es auch recht schnell zu Runde 2. Das Boot hielt wieder vor einer wirklich ansehnlichen Bucht.
Die Unterwasserwelt dort war wirklich schön. Leider gab es auch ein paar kleine **Quallen**, welche offenbar eine Art Nesseln aussondern. Diese spürt man dann manchmal in Form eines kleinen Pieks. Auf Dauer nicht so schön.

Nachdem die Bootstour vorbei war, ging es zum letzten Punkt, dem **Sao Beach**, welcher nicht umsonst als der **schönste Strand** der Insel gilt. Leider ist dieser schon etwas touristischer.

Geht man allerdings vom Zugangspunkt, an dem alle Restaurants liegen ein wenig weg, wird es bedeutend ruhiger. Hier liegen auch einige kleine Resorts, die mit Sicherheit nicht billig sind.

Bemerkenswert ist das sehr flach zulaufende Wasser. Man kann im Grunde viele Meter ins Wasser gehen, bevor es tiefer wird. Nach etwa einer Stunde geht's dann zurück.
Man kann hier natürlich auch bleiben.
Mit dem Taxi zurück zu fahren ist dann aber schon eine recht lange Strecke.

Insgesamt eine sehr lohnenswerte Möglichkeit, die **Insel**

kennenzulernen und ein wenig zu **schnorcheln**.

Es gibt im Übrigen auch **Tauchkurse** auf der Insel, die relativ günstig sind. Auch für Anfänger.

Was kann man sonst noch machen?

Wenn man es wirklich drauf anlegen will, kann man z.B. eine der **Fischsoßen-Fabriken** besichtigen.
Im Zentrum der Insel gibt es außerdem **dschungelartige Wälder und Pfefferplantagen**, was sicherlich eine nette Abwechslung zum Strandgeschehen ist.
Angeblich gibt es im Nordwesten nun auch einen neuen **Theme-Park** (Vinpearl Land), welchen ich selbst allerdings nicht gesehen hatte.

So oder so und für was man sich auf Phu Quoc entscheidet - langweilig wird's hier nicht.

Die wichtigsten Tipps, Tricks und Infos zur Reisevorbereitung

Wie angekündigt folgt nun der zweite Teil dieses Guides, in dem ich eine nützliche Auswahl an verschiedenen Informationen zur Reisevorbereitung zusammengestellt habe.

Ultimative Packliste für Backpacker und (Welt)-Reisende

Irgendwann, wenn der Urlaub dann doch endlich vor der Tür steht, ist das letzte Stück Arbeit vor Reisebeginn das Packen...

Damit du weißt, was auf eine (lange) Reise alles mit sollte, stelle ich hier meine persönliche Empfehlung einer **Packliste** oder **Reise-Checkliste** auf, die sowohl für **Backpacker, Weltreisende, als auch alle anderen gedacht ist**.
Wer nur kurz verreist, kann natürlich auf manche Sachen eher verzichten, als jemand der ein halbes Jahr unterwegs ist. Wer das erste mal (länger) verreist, sollte sich schon wenigstens **3-4 Wochen vorher** Gedanken machen, ob alles parat ist, was vor allem an Unterlagen (z.B. gültiger Reisepass) und Zahlungsmittel (z.B. Kreditkarte) wichtig ist.

Dokumente und Finanzen

Das Wichtigste und gleichzeitig platzsparendste in der Packliste sind die Unterlagen und Zahlungsmittel. Denn ohne steht man schnell blöd da. Hier ist alles, was man braucht:

- **Reisepass** (mind. noch 6 Monate gültig)
- **2 Kreditkarten** zum Geld abheben(meine Empfehlung: Santander VISA) und zum Zahlen ohne Fremdwährungsgebühren + kostenlose Reiseversicherung (meine Empfehlung: PayVIP Mastercard) PINs und ggf. Login-Daten/Rufnummern der Banken nicht vergessen!!
- **Tan-Listen** oder falls benötigt Tan-Generator
- **Bargeld**, z.B. 50€
- **kleinen Geldbeutel** (wenn man mal nur etwas Bargeld mitnehmen will)

- **Führerschein** und ggf. **Internationaler Führerschein**
- **Versicherungskarte/Nachweis der Auslandskrankenversicherung**
- **Passfotos** (z.B. wenn man unterwegs ein Visum beantragt)
- **Impfpass** (soll man in manchen Ländern mitführen)
- **Flugticket**/-infos, **Hotelbuchungen**/-infos, Mietwagenbuchung
- **Adresse/Name der ersten Unterkunft** (wird in manchen Ländern zur Einreise abgefragt)
- optional: (internationaler) Studentenausweis
- optional: Tauchnachweise/unterlagen, falls man vor hat zu tauchen
- optional: Kopien sämtlicher Ausweise/Dokumente, am besten auch online verfügbar (z.B. auf Dropbox)
- optional: **wasserdichter Dokumentenbeutel/Zip-Beutel** oder **DryBag**

Rucksäcke und Aufbewahrung

Wer mit Rucksack reist, sollte als große Person mit einem Rucksack <= 70l auskommen (ich selbst hatte 70L), als kleinere Person reichen 60l. Man kann, wenn man sich einschränkt und gut packt, aber auch mit wesentlich weniger zurecht kommen.

Wer mit Koffer/Trolley reist, sollte sich wohl zwischen 70-100l bewegen. Während meines 3-monatigen USA Roadtrips inkl. Camping hatte ich einen günstigen 95L Trolley, den ich aber auch ausgefüllt hatte (v.a. das Camping-Zeug nahm viel Platz ein). Auf anderen (kürzeren) Reisen kommt man aber definitiv auch mit einem kleineren Koffer aus.

- **Backpacking/Trekking-Rucksack**
- dazu passend: **Kleidertaschen-Set**

- **Tagesrucksack;** alternativ für Fotografen: **Fotorucksack mit Daypack**
- **Zip-Beutel**, z.B. für Behälter im Handgepäck
- **Plastiktüten/Beutel**, z.B. für Schmutzwäsche, etc.
- optional: Dry-Bag, falls man öfter auf Booten/am Wasser unterwegs ist

Kleidung

Bei der Kleidung kann man einiges an Platz sparen, wenn man das ein oder andere mal unterwegs wäscht (was fast überall, wo ich bisher war günstig in Waschsalons/Wäschereien möglich ist,), statt Kleidung für 3 Wochen einzupacken.

- **T-Shirts** (empfehle 5 bis max. 10 T-Shirts mitzunehmen)
- **Pullover** (wenn man in tropische/warme Länder fährt, braucht man max. 1)
- **1 Hemd/Polo-Shirt** für bessere Anlässe bzw. Locations mit dress code
- **Jeans** (in warmen/tropischen Ländern reicht eine Jeans) alternativ: **Trekkinghose**
- **wetterfeste Jacke**
- **kurze Hosen** (empfehle 2 Stück)
- **Badehose/Bikini**
- **Unterhosen/Slips**
- **Socken** (in warmen/tropischen Ländern, wo man mit Flipflops o.ä. rumläuft reichen u.U. 2 Paar)
- **Sneakers oder Wanderschuhe**, falls man vor hat mal zu wandern o.ä.
- **Sandalen** bzw. **Flip-Flops**
- **Pyjama/Schlafanzug**
- **Sarong Tuch** (für Frauen z.B. bei Besuch von Tempeln)

Elektronik und technische Ausrüstung

Heutzutage kann einem die ganze Technik gerade auf Reisen sehr hilfreich sein.
Schluss mit der Orientierungslosigkeit, dank GPS des Smartphones; digital fotografieren und Bilder sofort verschicken können - kein Problem mit Kameras, Laptops und dem Internet. Gewicht sparen und die Bücher elektronisch auf einen Kindle laden? Ganz einfach.

- **Smartphone** (u.a. nützlich für GPS+Google Maps oder um unterwegs Hotels zu buchen)
- **Kamera** (z.B. Kompaktkamera, Spiegelreflexkamera oder Bridgekamera)
- optional: Kamerastativ
- **USB-Stick** (zur Mitnahme von Daten oder als Backup-Medium für Bilder)
- **SD-Kartenleser** (zum Übertragen von Bildern)
- **Externe Festplatte 2,5"** (als Backup-Medium für Bilder/Videos)
- **Notebook**
- **Smartphone-Ladekabel, Kamera-Ladekabel, Notebook-Ladekabel**
- **Kopfhörer** für Smartphone oder ggf. MP3-Player
- **Stromadapter international**
- **Taschenlampe**
- optional: **e-Book-Reader** z.b. Amazon Kindle
- optional: **Actionkamera** z.B. von GoPro

Reiseapotheke und Hygiene

Das meiste was sich in deinem Kulturbeutel schon jetzt befindet wirst du vermutlich auch mitnehmen. Du weißt wohl auch selbst am besten, was du alles benötigst. Auch bei der Reiseapotheke braucht man sich eigentlich nicht allzu viele Sorgen machen. So gut wie alles ist genauso wie zuhause auch im Ausland erhältlich. Trotzdem ist es natürlich nützlich, eine Grundausrüstung parat zu haben.

Hygiene:

- **dein Kulturbeutel** (mit allem oft benötigten)
- **Rasierer**
- **kleines Duschgel, Shampoo**
- **Zahnbürste, Zahnpasta**
- **1-2 schnell trocknende Reisehandtücher**
- **Nagelknipser** oder Schere
- **Taschentücher**
- **kleiner Handspiegel**
- **Reise-Handwaschmittel** Tube
- **Verhütungsmittel**
- optional: Kontaktlinsen+Pflegeset, falls benötigt

Medikamente/Reiseapotheke:

- **Mückenschutz** z.B. No-Bite
- **Sonnencreme** +ggf. Salbe für Nachbehandlung
- **Fenistil-Gel, o.ä.**
- **Pflaster**
- **Schmerzmittel** z.B. Ibuprofen
- **Kopfschmerztabletten**, z.B. Aspirin
- **Desinfektionsmittel**
- **Nasenspray**, z.B. Nasic
- **Halslutschtabletten,** z.B. Neo-angin
- **Fieberthermometer**
- **Verbandszeug** (Mullbinde, etc.)

- optional: Tabletten gegen Übelkeit/Seekrankheit
- optional: Tabletten gegen Durchfall/Kohletabletten
- optional: Vitamintabletten
- optional: persönliche Medikamente (z.B. gegen Asthma)

Was sonst noch nützlich sein kann...

Alle weiteren Kleinigkeiten, die dir im Zweifelsfall großen Nutzen bringen können.

- **kleines Nähset**
- **Vorhängeschloss** (v.a. für Schließfächer in Hostels nützlich)
- **Taschenmesser**
- **Sonnenbrille**
- **kleines Notizbuch**
- **Kugelschreiber**
- **(Karten)Spiele**
- **Gepäckanhänger**
- **Feuerzeug/Streichhölzer**
- **Nackenkissen**, am besten aufblasbar
- **Ohrstöpsel**
- **Reiseführer**
- Key Organizer

Zusatzliste für Camping

Wer vor hat, im Urlaub viel zu campen, der sollte eventuell noch ein paar mehr Dinge dabei haben.

- **Zelt** (entweder kompaktes mitnehmen oder günstiges vor Ort kaufen)
- **Schlafsack**, am besten klein/kompakt
- **Campinggeschirr/Besteck** "Spork" (Löffel und Gabel in einem)
- **Isomatte/Luftmatratze**
- **aufblasbares (Kopf)Kissen**
- **Campingkocher** (ohne Gas!)
- **LED-Laterne**
- **Schnur/Wäscheleine**

Die 2 perfekten Reise Kreditkarten vorgestellt

Wenn du auf Reisen gehst, brauchst du heutzutage eigentlich immer eine Kreditkarte. Kaum ein Hotel ist mehr ohne buchbar. Auch zum Bargeld abheben hilft dir deine EC-Karte meist nicht mehr weiter.

Allerdings ist Kreditkarte nicht gleich Kreditkarte und insbesondere beim **Einsatz im Ausland** zahlt man mit der ein oder anderen Karte **hohe Gebühren**. Ob die sehr häufig vorhandene **Auslandseinsatzgebühr** (ca. 2%) oder Gebühren beim **Bargeld abheben** (gerne mal um die 5€/Abhebung). In der Summe zahlt man mit einer, für das Ausland schlecht geeigneten Kreditkarte, ziemlich drauf. Das muss aber nicht sein.

Während ich bei meinen ersten Urlauben zumindest von der eigenen Bank keine Gebühren für Bargeldabhebungen berappen musste, habe ich aber zumindest die Auslandseinsatzgebühren zahlen müssen, da ich mich damals noch nicht genug auskannte in der Welt der (Reise-)Kreditkarten. Die Auslandseinsatzgebühr fällt dann an, wenn man Beträge in der Fremdwährung (z.B. US$) zahlt. Zum Beispiel habe ich damals einige Hotels in in US$ gezahlt, was dann insgesamt mit ca. 25$ Gebühren behaftet war.

Mittlerweile kenne ich die für mich **beste Kreditkarten Kombination für Reisen im Ausland**, wodurch ich gar **keine Gebühren** mehr zahlen muss. Nicht nur die Kreditkarten sind kostenlos, auch ergänzen sich beide perfekt und ich komme, was die Zahlungsmittel betrifft, komplett kostenlos davon.

Im Folgenden möchte ich dir beide Kreditkarten vorstellen.

1. Santander 1Plus VISA

Die zurzeit beste VISA Reisekreditkarte ist die Santander 1Plus VISA Kreditkarte. Vor allem die zwei für Reisende mitunter relevantesten Aspekte - keine Fremdwährungsgebühr und Erstattung von Automatengebühren - sind mit der Karte abgedeckt. Nach aktuellem Stand und meines Wissens nach, ist die 1Plus VISA daher die einzige, welche diese beiden Punkte (und viele weitere) erfüllt.

Die wichtigsten Vorteile und Hauptkriterien der 1Plus VISA Karte im Überblick:

1. Das Abheben von **Bargeld** ist **weltweit kostenlos**
2. Es fallen **keine Fremdwährungsgebühren** (Auslandseinsatzgebühren) an bei Umsätzen
3. **Fremdgebühren der Automatenbetreiber** werden auf Antrag **erstattet** (E-Mail an karteninhaberservice@santander.de senden und um Erstattung bitten, bis max. 6 Wochen nach Rechnungsdatum).
4. **Tankrabatt** von 1% auf Umsätze weltweit an allen Tankstellen

5. **kein Girokonto der Santander notwendig**. Man kann auch nur die Kreditkarte bestellen und ein anderes Girokonto zum Einzug der Umsätze/Rechnungen angeben

6. **keine Jahresgebühr**. Die Kreditkarte ist völlig kostenlos.

Somit scheint die **Santander 1Plus VISA** zurzeit die einzige Kreditkarte zu sein, welche ohne Ausnahme die wichtigsten Kriterien für Reisende erfüllt (viele Kreditkarten bieten z.B. kostenlose Bargeldabhebungen an, berechnen dann aber häufig die Fremdwährungsgebühren, so z.B. auch die oftmals empfohlene DKB Kreditkarte).

Hinweise zum Antrag:

Beim Ausfüllen des Antrags muss man lediglich beachten, dass man die 5% Rückzahlungsoption auslässt. An gegebener Stelle ist der Haken an dieser Stelle bereits gesetzt. Diese Passage kann man aber (zum Zeitpunkt meines Antrags) einfach durchstreichen und den Haken darunter (100% Rückzahlung, d.h. ohne Zinsen o.ä.) setzen. Diese Option kann man aber auch im Nachhinein noch ändern, wenn man die Kreditkarte dann besitzt.

Ein weiterer Punkt, den ich persönlich nicht als störend empfinde, aber manchem vielleicht nicht gefällt, ist die Grenze von 300€ Bargeldverfügung pro Tag und maximal 10 Transaktionen pro Tag. Bisher habe ich auf keiner meiner Reisen so viel Bargeld an einem Tag abholen müssen oder so viele Transaktionen pro Tag gehabt. Davon abgesehen empfiehlt es sich aber sowieso, mindestens 2 Reisekreditkarten mit dabei zu haben, wie z.B. die Advanzia Mastercard, welche ich im nächsten Abschnitt vorstelle und die unbegrenzte Bargeldverfügungen erlaubt.

Kreditkarte beantragt - Wie geht es weiter?

Nachdem ich den Antrag abgesendet hatte, dauerte es erst einmal eine Weile. Die nachfolgende Advanzia Mastercard geht da ein wenig schneller.
Hat man die Kreditkarte erhalten, ist diese sofort einsatzfähig. Die PIN für Bargeldabhebungen kommt dann ein paar Tage später. Wer damit verreisen will, sollte seinen Antrag am besten etwa 1,5 Monate vorher absenden, um sicher zu gehen, dass dann auch alles rechtzeitig da ist. Die Kreditkartenabrechnung kommt per Post oder nur online, wenn man sich für den Online-Zugang freischalten lässt. Möchte man Zugang zum Online Banking, um die Umsätze jederzeit aufzurufen, muss man das mit einem weiteren Formular schriftlich beantragen (mittlerweile scheint man direkt die Online-Zugangsdaten zu erhalten) und erhält dann die Zugangsdaten per Post.
Manch einer sieht aber vielleicht auch einen Vorteil darin, die Kartenumsätze noch postalisch zu erhalten, was bei den meisten Banken/Kreditkarten schließlich nicht mehr geht oder etwas kostet.

→Zur kostenlosen Bestellung der Kreditkarte geht es unter diesem Link: http://bit.ly/santander-karte

2. Mastercard Gold der Advanzia Bank ("Gebuchrenfrei")

Die 2. Karte, die ich verwende und von der ich mittlerweile ein großer Befürworter bin, ist die kostenlose Mastercard Gold von der Advanzia Bank.

Diese Karte hat mir ungelogen schon etwa **2000€ Ersparnis** gebracht. Das wird natürlich nicht jeder erreichen, denn ich habe einige Möglichkeiten, **Rabatte** zu bekommen, auch ziemlich ausgenutzt (v.a. Mietwagen-Rabatte). Trotzdem wird sie für **nahezu jeden Reisenden Vorteile** bringen.
Bekannt ist diese Kreditkarte v.a. unter dem Namen

"**Gebuehrenfrei Mastercard Gold**".
Neben der Gebuehrenfrei Mastercard Gold gibt es auch die sog. PayVIP Mastercard Gold von der Advanzia Bank, welche sich allerdings lediglich vom Äußeren unterscheidet. Die Konditionen sind gleich, daher erwähne ich diese nicht weiter.

Meine persönlichen Top Vorteile:

1. Es ist eine **Mastercard Gold** und zwar **komplett kostenlos**. Das gibt es meist nicht so häufig. Während VISA-Karten heutzutage fast immer kostenlos sind, gibt es das bei Mastercard noch nicht immer. Es gab auch schon die ein oder andere Gelegenheit, wo bei mir nur die Mastercard funktioniert hat (zum Beispiel beim Buchen von Coupons bei groupon.com)

2. Es ist (so wie auch die oben genannte Santander 1Plus VISA) eine der wenigen Kreditkarten, die **0% Auslandseinsatzgebühren** hat. Diese fallen normalerweise immer bei **Bezahlung in Fremdwährung** (Hotels, im Restaurant, im Supermarkt, etc.) an und summieren sich bei einer Reise gerne mal auf 20-50€ an)

3. Es gibt bestimmte **Partnerschaften**, die insbesondere für Reisende sehr nützlich sein können. Zum Beispiel gibt es beim amerikanischen **Autovermieter** Alamo und bei Sixt zwischen **20-38% auf eine Buchung**. Dies war für mich bisher die größte Ersparnis bei dieser Karte.

4. Es gibt eine **kostenlose Reiseversicherung** dazu, die eine Gesamtreisedauer bis zu **90 Tage** abdeckt (wenn man 50% der Transportkosten, z.B. Mietwagen/Flug mit der Kreditkarte bucht)! Dies hatte ich bereits genutzt und auch schon mal eine Erstattung erhalten, als auf einer USA Reise die Kameraausrüstung aus dem Auto geklaut wurde. Diese Versicherung deckt sogar noch bis zu **3 Mitreisende** ab.

5. Fast alles an der Karte ist kostenlos. Hat man die Karte verloren oder muss sie sperren lassen? 0€. Jahresgebühr: 0€ usw. Es gibt nur eine einzige Sache, die teuer werden kann, nämlich die Verzugszinsen, dazu aber gleich mehr.

6. Diese Kreditkarte ist **nicht mit einem Girokonto verbunden**. Das heißt die Beantragung und Verwaltung ist sehr komfortabel und schnell. Man muss zur Bestellung zum Beispiel kein Post-Ident-Verfahren durchführen und hat später nur den Online-Zugang mit allen Umsätzen und Verwaltung.

7. Man erhält relativ schnell einen **hohen Verfügungsrahmen**. Mir wurde nach einigen pünktlich bezahlten Rechnungen sogar bis zu 5000€ eingeräumt. Allerdings wollte ich so viel gar nicht und hatte es wieder auf 2000€ runter gesetzt.

Die einzigen Hinweise, die ich hier geben kann, um doch nicht unnötige Kosten zu zahlen sind folgende:

1. Es gibt ein **zinsfreies Zahlungsziel von 7 Wochen**, d.h. man hat bis zu 3 Wochen nach Beendigung des Monats Zeit, um die Umsätze auszugleichen. Hat man also zum Beispiel im Mai mit der Karte etwas bezahlt, hat man bis ca. 20. Juni Zeit, die Rechnung zu begleichen. Verpasst man diese Zeit, fallen danach sehr hohe Zinsen von zurzeit 1,53%/Monat bzw. 19,94 p.a. an. Ich denke aber, dass es normalerweise machbar sein sollte, die Rechnungen pünktlich zu bezahlen.

2. **Bargeldabhebungen** sind grundsätzlich kostenlos. Aber: Im Gegensatz zum zinsfreien Verfügungsrahmen auf normale Umsätze fallen bei Bargeldabhebungen auch sofort Zinsen an 1,53%/Monat bzw. 19,94 p.a. Um dies zu umgehen, könnte man vorher das Kreditkartenkonto mit einer Überweisung ins

Plus bringen. Trotzdem empfehle ich für Bargeldabhebungen grundsätzlich die oben genannte Santander Kreditkarte, auch deswegen, weil man bei der Advanzia Mastercard bestimmte Automatengebühren, die im Ausland oft direkt am Geldautomat anfallen, nicht nachträglich erstatten lassen kann.

Ich habe die Karte seit etwa **4 Jahren** und war bisher immer sehr zufrieden, insbesondere auch mit dem **Service** von Advanzia. Vor allem als Reisenden hat mir die Karte bisher schon enorme Vorteile gebracht und ich möchte sie nicht mehr missen.

→Zur kostenlosen Bestellung der Kreditkarte geht es unter diesem Link: http://bit.ly/advanzia-karte

10 Regeln um wirklich günstige Flüge zu finden

Die Flugbuchung. Ein Thema, das fast jeden Reisenden betrifft, der zumindest außerhalb Europas Urlaub macht. Vor allem ist es aber mitunter der teuerste Teil einer Reise und der Teil mit den größten preislichen Differenzen. Wer allerdings Bescheid weiß, wie man wirklich günstige Flüge findet, der kann eine Menge Geld sparen.

In diesem Kapitel versuche ich für dich die wichtigsten Tipps zusammenzufassen, wie man an wirklich günstige Flüge kommt.

1. Geeignete Flugsuchmaschinen verwenden

Der vermutlich naheliegendste Punkt ist die Verwendung von **Flugsuchmaschinen**. Davon gibt es mittlerweile auch schon einige. Manche besser, manche nicht so gut.

Die **2 Flugsuchmaschinen**, die ich am liebsten verwende sind **Momondo.de** und **Skyscanner.de**

Eigentlich ist mein **Favorit** aufgrund der Übersichtlichkeit und des schönen Designs Momondo.

Dennoch fragen beide Suchmaschinen teils unterschiedliche **Fluganbieter** ab, wodurch sich ab und zu **preisliche Differenzen** ergeben. Aus diesem Grund suche ich immer zunächst bei Momondo. Wenn ich dort einen **passenden, günstigen Flug** gefunden habe, gebe ich diese **Flugdaten** aber noch bei Skyscanner ein, um zu sehen, ob es hier vielleicht noch **günstigere Angebote** gibt.

Ich habe auch schon öfters von Kayak.de als Alternative gehört und diesen Anbieter mal kurz angetestet. Auch hier kann man nach Gabelflügen suchen. Die Ergebnisse waren gut und in etwa die gleichen, wie bei der Momondo-Gabelflugsuche. Kann man sich also auch mal anschauen.

2. Möglichst flexibel beim Flugdatum und den Flugzeiten sein

Während die Verwendung mehrerer guter Flugsuchmaschinen meist schon eine große Ersparnis bringt, kann die **Flexibilität beim Flugdatum** manchmal noch mehr Auswirkung auf die Preise haben.

Will man zum Beispiel 3 Wochen verreisen, liegt es vielleicht nahe den Hin- und Rückflug jeweils am Samstag zu machen.
Trotzdem kann es hier entscheidend sein, auch die Freitage und Sonntage in Betracht zu ziehen. Zum Beispiel am Samstag Hinflug und schon am Freitag Rückflug. Oder Freitag hin und Sonntag zurück.

Hier stelle ich teils heftige **Unterschiede** von beispielsweise 300€ fest, die **ein Tag früher oder später** ausmachen können.

Ein beispielhafter Flug von mir kostet gerade zum Beispiel 536€ vom 22.08.-22.09. Ändere ich das Datum von 22.08. allerdings auf 21.08. gibt es den günstigsten Flug nur noch für 844€.
Dies liegt in dem Fall wohl daran, dass die günstige Fluggesellschaft den Flug offensichtlich nicht am 21.08. fliegt und daher nur eine andere, teurere Flugverbindung von einer anderen Fluggesellschaft gefunden wird. Diese bietet die Verbindung offensichtlich aber nur zu diesem, höheren Preis an.

Das Gleiche gilt natürlich auch bei der **Flugzeit** an sich. Wer sich auch damit arrangieren kann, um 6 Uhr früh oder 12 Uhr nachts zu fliegen und sich statt 12 Stunden Flugdauer auch mit einer 20-stündigen Flugverbindung anfreundet, bekommt in der Regel die **günstigsten Flüge.**

Skyscanner bietet hier die Möglichkeit bei **Hin/Rückflug die Flugdaten flexibel zu halten**, indem man zum Beispiel einen **ganzen Mona**t abfragen lässt und somit unter Umständen die günstigsten Tage des Monats herausfindet.

Hier gilt also, **je flexibler, desto meh**r kann man in der Regel **sparen**.

3. Nicht nur auf einen Flughafen versteifen

Auch ein Punkt, der viel Ersparnis bringen kann, wie ich selbst schon feststellen musste. Dies gilt sowohl für den **Abflughafen**, als auch den **Ankunftsflughafen**.

Wer nach der Suche nach einem günstigen Flug ist, sollte mit den bevorzugten Flugdaten in den Flugsuchmaschinen auch mal einen **anderen Flughafen, als den nächstgelegenen einstellen**.

Wer, wie ich zum Beispiel in Nürnberg wohnt, hat 3 große **Flughäfen in akzeptabler Nähe**: Frankfurt, Stuttgart und München. Bei meinem letzten Flug nach Bangkok bin ich zum Beispiel von München

geflogen, da die Flüge von dort einfach 200€ billiger waren.
Von Nürnberg aus gab es in dem gewünschten Zeitraum keine wirklich günstigen Flüge. Natürlich hat man dadurch etwas mehr **Reiseaufwand**.
Ich bin mit dem Fernbus in 2 Stunden nach München und von dort zum Flughafen gefahren. Der Fernbus (z.B. Flixbus) hat mich je Strecke allerdings nur 5€ gekostet.

Insbesondere Skyscanner bietet hier eine ganz nette Funktion, indem man nicht einen spezifischen Flughafen auswählt, sondern als **Abflug- oder Ankunftsort** auch einfach **das ganze Land** (z.B. Deutschland) angeben kann.

Natürlich kann es diese preislichen Unterschiede auch für den **Ankunftsflughafen im Ausland** geben. Wenn man also diese Flexibilität hat und sich beim Reiseziel auch vorstellen kann, einen anderen Ort anzufliegen, sollte man diese Möglichkeit in Erwägung ziehen.

4. Vermeide die teuren Reisezeiten (Hochsaison, Feiertage)

Ein Faktor, den man nicht immer beeinflussen kann, wenn man vom **Reisezeitraum**, aus welchen Gründen auch immer, eingeschränkt ist. Dennoch kann man zumindest darauf achten, wenn man zum Beispiel zum **Saisonwechsel** buchen möchte.
Als ich vor ein paar Jahren nach Flügen in die USA geschaut hatte, waren wir mit unserem Abflugdatum scheinbar ziemlich genau an der Grenze zwischen **Hochsaison** und "Normal"-Saison. Unser Abflugdatum war um den 20. August herum. Alle Flüge davor waren etwa 200€ teurer. Alle danach entsprechend günstiger. Genauso verhielt es sich 2014, nur andersrum.

Unser Abflugdatum in die USA war um den 20. Juni. Etwa 2 Wochen später wären alle Flüge 200-300€ teurer gewesen (Hauptsaison!). Wenn man sich also in etwa an der Grenze befindet, sollte man vielleicht schauen, ob man den Flug entsprechend ein oder zwei Wochen nach vorne oder hinten verschieben kann.

Auch zu Zeiten um **Feiertage**, wie zum Beispiel eine Woche vor und nach Neujahr können teurer sein. Dessen sollte man sich bewusst sein.

5. Buche deinen Flug rechtzeitig

Rechtzeitig heißt nicht unbedingt "so früh wie möglich". Tendenziell sind, wenn man früh bucht, noch mehr **Kapazitäten** frei und Billigflüge noch nicht ausgebucht.

Trotzdem kann man nicht allgemein sagen "Früher = Günstiger".

Am günstigsten sind, statistisch gesehen, Flüge wohl erst etwa **2 Monate vor Abflug**. Dies kann ich eigentlich auch selbst bestätigen. Mein letzter USA-Flug war etwa 2 Monate vorher sogar noch etwas günstiger als zum Buchungszeitpunkt (etwa 4 Monate vorher).

Viel mehr Zeit sollte man sich dann aber nicht mehr lassen. Irgendwann sind die **Billigflüge** dann eben doch **ausgebucht**. Wer erst 1 Woche vorher bucht, kann zwar immer noch **Schnäppchen** machen, aber die **Wahrscheinlichkeit** ist eben etwas **geringer**. Die Auswahl an verschiedenen Flugzeiten auch.

Faustregel sollte also sein: 2 Monate +- 1 Woche vor Abflug ist optimal. Ansonsten ist man aber auf der sichereren Seite, wenn man die Flüge lieber mehr als 2 Monate vorher bucht, anstatt erst 1 Monat vorher.

Auf **Last-Minute-Angebote** sollte man sich auch nicht unbedingt verlassen. So was kann man eher dann machen, wenn man ganz spontan Urlaub machen will und beim Reiseziel gegebenenfalls flexibel ist.

6. Beobachte deine bevorzugten Flugdaten mindestens 1 Woche lang

Hat man mit etwas rumprobieren ein günstiges Datum für Hin- und Rückflug gefunden bei dem der Preis vernünftig scheint, sollte man die Preise ruhig noch **etwas beobachten**, bevor man bucht.

Ich mache es in der Regel auch so. Meistens gibt es eine Kombination von Daten, die besonders günstig ist (bei meinem Beispiel-Flug ist das zum Beispiel vom 23.08. (Sonntag) bis 23.09. (Mittwoch). Andere Daten wie zum Beispiel vom 21.08.-23.09. sind dagegen nicht so gut).

Wenn ich diese günstigen Daten habe, **beobachte** ich die Preise aber dennoch mindestens 1 Woche lang oder **so lange, bis ich mit dem Preis zufrieden bin**. Fast immer ändern sich die Preise und/oder Flüge im **Laufe der Woche** noch etwas. So kann der Preis am Sonntag zum Beispiel bei 600€ liegen, während es am Donnerstag vielleicht nur 500€ sind. Der **(Wochen)Tag der Buchung** kann also auch noch etwas aus machen.

Klar, kann diese Strategie auch nach hinten losgehen, falls es nur noch einen, wirklich günstigen Flug gibt und dieser dann vielleicht plötzlich ausverkauft ist. Im Normalfall lohnt es sich aber, die Preise eine Weile zu beobachten, bevor man auf buchen klickt.

7. Ziehe in Betracht, auch direkt bei der Fluggesellschaft zu buchen

Dies kann sich insbesondere dann lohnen, wenn man zum Beispiel im Ausland einen **Inlandsflug** bucht, welche oft mit **lokalen, nationalen Airlines** geflogen werden. Hier ist es nicht unbedingt schlecht, die Suche ebenfalls wieder mit Momondo, Skyscanner oder dergleichen durchzuführen. Wenn man einen günstigen Flug findet, kann es sich aber lohnen, auch direkt auf der Seite der Fluggesellschaft vorbei zu schauen, den Flug hier zu finden und diesen (meist direkt in der ausländischen Währung) zu buchen.

In Asien habe ich schon festgestellt, dass man **direkt bei der Fluggesellschaft** etwas weniger bezahlt, als bei einem der Flugvermittler (wie zum Beispiel Opodo oder Expedia).

Eventuell lohnt es auch für Langstreckenflüge, dann aber tendenziell eher bei Direktflügen. Ich denke nicht, dass es lohnenswert ist, sich bei Gabelflügen alle Flüge bei der Fluggesellschaft zusammenzusuchen.

8. Schau bei Schnäppchenjägern vorbei

Urlaubspiraten.de ist mittlerweile wahrscheinlich schon vielen bekannt. Diese suchen täglich sehr günstige Urlaubsangebote heraus. Sowohl Pauschalreisen, als auch **einzelne Flüge**. Die Flüge, die hier gefunden werden, findet man sonst normalerweise nicht so einfach. Allerdings gewinnt auch hier wieder **Flexibilität**, denn wenn man zum Beispiel nach New York für unter 300€ hin und zurück fliegen kann, dann ist es logisch, dass sowohl die Zeiträume, als auch die Auswahl an Abflughäfen sehr begrenzt sind.

Trotzdem ist es eine nette Möglichkeit wirklich extrem günstige Flüge zu finden. Man kann sich in der Regel auch einen **Newsletter** abonnieren, um direkt die Angebote zu erhalten. Denn so günstig diese sind, so schnell sind sie wieder weg. Eine weitere, vergleichbare Seite ist Urlaubsguru.de.

9. Achtung bei den sogenannten "Transaktionsgebühren"

Achtung bei den **Flugvermittlern**: Alle Flugsuchmaschinen spucken in den Ergebnissen normalerweise die Preise sämtlicher Flugvermittler aus (Expedia, Opodo, Ebookers, usw.). Fast jeder dieser Anbieter schlägt **beim Zahlungsvorgang noch Gebühren**

drauf, v.a. bei Verwendung von **Kreditkarten**.
Normalerweise sind das zwischen 10-20€. Es gibt aber auch manche, die wirklich unverschämt hohe Gebühren drauf schlagen (meist, damit sie in den Suchergebnissen netto mit dem besten Preis gelistet werden; durch die hohen Zusatzgebühren ist der Endpreis dann aber trotzdem höher, als bei den Konkurrenten).

Am besten ist es, wenn einem als **Zahlungsart** Sofort-Überweisung angeboten wird, da diese in der Regel nicht mit **Zusatzkosten** behaftet ist.

Fazit: Sollten einem die "**Transaktionskosten**" zu hoch erscheinen (über 20€ bei Kreditkarte), dann empfiehlt es sich, lieber nochmal die anderen Suchergebnisse anzuschauen und ggf. einen anderen Anbieter auszuwählen.

10. Sonstige Tipps und Hinweise

Weitere Spartipps:

- **Hin- und Rückflu**g sollte immer **zusammen gebucht** werden, wenn möglich. Zwei Einzelflüge kosten manchmal fast so viel wie ein Multi-Ticket. Lohnt also sehr selten.

- **Gabelflüge**, wie man sie bei Momondo suchen kann, sind manchmal eine **günstigere Alternative**, als ein separat gebuchter Inlandsflug. Hier kann ich ein **Beispiel** von Mittelamerika Flügen bringen. Ich hatte vor, in Panama City zu starten und von San Jose in Costa zurück zu fliegen. Beim Rückflug nach Deutschland fliegt man von San José zunächst sowieso zurück nach Panama, um mit dem Verbindungsflug nach Europa zu fliegen. Hätte ich einen Hin und Rückflug von Panama City gebucht und zusätzlich einen separaten Inlandsflug von San Jose nach Panama City hätte mich das knapp 100€ mehr gekostet, obwohl es eigentlich genau das Gleiche ist.

- Manchmal lohnt es auch, zu **Feiertagen** zu buchen, an denen fast keiner fliegt. Dann sind die Flugzeuge eh recht leer und die Preise unter Umständen niedrig. Solche Tage können der 31.12. oder der 25.12. sein.

Mittlerweile könnte man die ganze **Flugsuche** schon fast als Wissenschaft bezeichnen. Dennoch ist es nicht schwer, mit einigen dieser Tipps einen **günstigen Flug zu finden**, der dir im Zweifelsfall ein **paar Hundert Euro** bei einem Langstreckenflug einspart. Es gibt schließlich, wie man oft mitbekommt, immer noch genügend Leute, die viel mehr bezahlen, als es eigentlich nötig wäre.

Reisepartner finden? Zu zweit statt alleine - So einfach geht's!

Vielen Menschen bereitet die Vorstellung alleine zu reisen **Unbehagen**. Manch einer möchte vielleicht auch aus **finanziellen Gründen** (Hotels, Mietwagen) nicht alleine reisen. Schließlich ist nicht jeder der Typ für ein günstiges Hostel, welches man noch gut alleine bezahlen kann.

Manchmal gibt es eben Gründe, um eine bestimmte Reise lieber zu zweit oder mehr zu starten, als alleine. Bei meinen Roadtrips in den USA waren das sowohl finanzielle Gründe, als auch die Vorstellung, dass man "on the road" dann eben doch relativ alleine ist und es auf dieser Art des Reisens (Roadtrip) schöner ist, einen oder mehrere Reisepartner zu haben.

In Südostasien, einem der Backpacker-Hauptgebiete, war das dagegen anders, aber auch hier möchte nicht jeder allein los.

Wie finde ich einen passenden Reisepartner?

Die meisten Leute haben ihre Reisebegleitung aus dem **Freundeskreis**. Ist ja schließlich auch am naheliegendsten.

Allerdings hat nicht jeder den "Luxus", dass unter den Bekannten ein **passender Reisepartner** dabei ist. Meistens mangelt es bei den Freunden am **Geld**, der **Zeit** oder der **Lust** auf einen abenteuerlichen Trip.

Aber ganz auf den Urlaub verzichten, nur weil niemand Zeit hat? Ganz schlechte Idee.

Zum Glück gibt es das Internet und damit **viele Möglichkeiten**, den Reisepartner auf unkonventionelle Art und Weise kennenzulernen.

Daher stelle ich dir im Folgenden vor, wie ich bereits Reisepartner gefunden habe und auf welchem Wege.

Reisepartner finden mit joinmytrip.de

Joinmytrip.de ist eine der beiden größeren Plattformen zur Reisepartnersuche, **welche in 2019 ein Update** in Funktion und Design erhalten hat.

Das Konzept der Plattform geht nun mehr in Richtung vorgeplanter Trips, denen man sich anschließen kann.
Das bedeutet, als Reiseplaner kann man sich als sogenannter "Trip-Leader" anmelden und ist anschließend für die Reiseplanung zuständig. Insbesondere also für die Route, die Unterkünfte und dem Transport vor Ort.
Gegen Gebühr (meist 100-200€) kann man dann dem Trip beitreten und muss sich nicht mehr groß um das Organisatorische kümmern (man ist dann "Trip-Mate").
Zusammenfassend kann man sich als Trip-Planer ("Trip-Leader") und

Organisator also etwas dazu verdienen und als "Trip-Mate" entspannt einer Reise anschließen, ohne sich groß um die Planung zu kümmern.

Die Funktion der regulären Anzeige gibt es aber nach wie vor. Wenn man für ein Reiseziel eine passende Begleitung sucht, kann man eine Anzeige veröffentlichen mit Reisedauer, Reisezeitraum, dem Ziel und der eigenen Beschreibung, wie man sich die Reise vorstellt.

Diese wiederum findet jeder, der in der **Suche** entsprechend passende Daten eingibt oder einfach in den **Anzeigen stöbert**.

Auf joinmytrip sind hauptsächlich Individualreisende unterwegs und das Publikum ist hier **allgemein eher jünge**r zwischen 16-35. Ich denke der Durchschnitt wird um die 25 Jahre sein.

Die Chance einen Reisepartner hier zu finden, würde ich als **relativ hoch** einschätzen, zumindest wenn nach einem Reisepartner für eher **populäre** Länder/Gebiete, wie USA, Australien oder Südostasien sucht. Ich habe hier auch schon inseriert, meine Reisepartner aber letztendlich auf den nachfolgenden Seiten gefunden. Dies hat aber nicht unbedingt etwas zu sagen. Die **Resonanz** auf Anzeigen ist auf joinmytrip nämlich **relativ hoch**.

Reisepartner finden auf Urlaubspartner.net

Urlaubspartner.net hat, soweit ich weiß, sogar noch mehr Besucher als joinmytrip.de.

Hier gibt es ein reines **Anzeigensystem**, d.h. keine Profile, wie auf joinmytrip.de. Dennoch kann jeder bei seiner eigenen Anzeige relativ viele Angaben machen, sowohl zu sich, als auch den Vorstellungen zum Reisepartner.

Das **Design** der Seite ist ansprechend und schöner als bei joinmytrip.de. Hier findet man sowohl Anzeigen für Pauschalurlaube, als auch für Individualreisen und das Publikum ist vom **Alter her recht gemischt**, so ist zumindest mein Eindruck. Ich habe das auch kurz überprüft. Etwa die Hälfte der Anzeigen ist hier von Leuten von 16-30, die andere Hälfte von allen über 30. Die meisten Inserenten haben auch ein Bild von sich reingestellt, was mir persönlich immer besser gefällt, wenn man gleich sieht, wen man anschreibt.

Wenn man erst einmal nur in den Anzeigen stöbern will, hat man recht viele **Filtermöglichkeiten**, nach Alter, Geschlecht, Reisezeitraum und einiges mehr.
Auf Urlaubspartner.net habe ich übrigens einst eine Reisepartnerin für meinen USA Trip 2014 gefunden.

Ich denke auf Urlaubspartner.net hat man gute Chancen jemanden zu finden, v.a. bei kürzeren Zeiträumen (unter 4 Wochen) und beliebten Reisezielen.

Reisepartner finden auf reisepartner-gesucht.de

Reisepartner-gesucht.de ist ein etwas kleineres Portal, als die letzten beiden. Das Design und Anzeigensystem ist nun auch nicht besonders umfangreich. Als Inserent hat man die Möglichkeit ein Bild von sich hinzuzufügen und ein paar Basic-Details (Wohnort, Urlaubs-Schwerpunkte, etc.) anzugeben. Als Suchender kann man in der Suche nicht besonders viel einstellen. Aber zumindest kann man nach Alter, Geschlecht und Wohnort filtern und ein paar andere, eher unwichtige Sucheinstellungen machen.

Obwohl diese Seite optisch und technisch nicht mit den anderen beiden mithalten kann, sollte man diese miteinbeziehen, da hier täglich neue Anzeigen erscheinen.

Außerdem habe ich hier immerhin eine **Reisepartnerin** für einen früheren USA-Roadtrip **gefunden**. Ein Blick hier hinein kann sich also auf jeden Fall lohnen.

Reisepartner finden mittels Facebook

Mit dieser Option habe ich selbst noch keine Erfahrung gemacht, aber durch Facebook tun sich auch sehr viele **neue Möglichkeiten** auf, die ich persönlich in Zukunft nutzen würde, sollte ich doch noch einmal online einen Reisepartner suchen. Mittlerweile gibt es viele Reisepartner-Gruppen, z.B:

- Reisepartner - Urlaubspartner gesucht?
- Reisepartner gesucht!!!
- Reisebegleitung gesucht!

Außerdem gibt es verschiedene Gruppen zu einzelnen Reisezielen, die neben Informationsaustausch auch der Reisepartnersuche dienen, z.B.:

- Thailand Backpacker 2019 / 2020 - WER ist WO und Wann?
- Indonesien Backpacking 2019 (German)

Solche Gruppen sind zurzeit durchaus am Wachsen und wer seine Chancen, einen Reisepartner zu finden, erhöhen möchte, sollte sich innerhalb Facebooks mal umschauen. Um diese zu finden, suche einfach nach den genannten Grupennamen auf Facebook!

Couchsurfing Netzwerk zum Kennenlernen neuer Leute vor Ort

Auch das Netzwerk von **Couchsurfing.com** eignet sich sehr gut, um v.a. spontan und für Reiseabschnitte eine Begleitung zu finden. Ursprünglich dient das Netzwerk ja mehr dazu, bei aufgeschlossenen Menschen auf aller Welt (kostenlos) zu übernachten und Erfahrungen auszutauschen. Allerdings gibt es auch die Möglichkeit, zu verschiedenen Reisezielen Gesuche aufzugeben, etwas zu unternehmen oder ein Stück (oder länger) miteinander zu reisen. Diese Möglichkeit würde ich also vor allem dann nutzen, wenn man alleine los reist und dann vor Ort Lust hat, spontan neue Leute kennenzulernen.

Wie du siehst, mittlerweile gibt es einige gute Möglichkeiten, auch außerhalb des Bekanntenkreises Reisepartner zu finden.

Wenn man auf allen **3 Seiten Anzeigen schaltet, auf Facebook schaut und sich bei Couchsurfing vor Ort umsieht**, stehen die Chancen gut, jemanden zu finden, der einen begleiten möchte.

Die **Beschreibung** sollte natürlich sympathisch sein und ein Bild hochzuladen, empfehle ich immer. Ich schreibe auch lieber auf Anzeigen, wo die Person zu sehen ist.

Ansonsten würde ich in den Anzeigen immer relativ **genau beschreiben**, wie man sich den **Urlaub vorstellt** (eher entspannt oder mehr Action, Party oder doch lieber Ruhe, viel sehen oder langsamer reisen, etc.). Wenn man dann im Optimalfall auch noch im **Reisezeitraum einigermaßen flexibel** ist, findet sich eigentlich immer jemand. Man sollte die Anzeige dann aber auch möglichst **frühzeitig** veröffentlichen und vielleicht nicht erste eine Woche vor Abflug.

50+ nützliche Ressourcen für Reisende

Auf Reisen, vor Reisen und nach Reisen greife ich auf eine Menge an verschiedenen **Ressourcen** zurück, die mir bei der Reiseplanung helfen, mich vor Ort nicht im Stich lassen und auch nach dem Urlaub gute Dienste leisten, um die Erlebnisse aufzubereiten.

Von guten **Informationsquellen**, über **Programme** und Apps, bis hin zur **Ausrüstung** und mehr gibt es Einiges, was ich selbst nutze, um Zeit und Geld zu sparen, den Überblick zu behalten und das Reiseerlebnis zu verbessern.

Im Folgenden stelle ich daher **mehr als 50 Ressourcen** vor, unterteilt in verschiedene Kategorien, die ich größtenteils selbst nutze oder für empfehlenswert halte.

- Flüge suchen und finden
- Hotels und Unterkünfte
- Mietwagen und mehr
- Infos zu Reiseländern und Reisezielen vor Ort
- Reisepartner und Leute unterwegs treffen
- Finanzielles
- Digitales und Digitales und Elektronik
- Gesundheit und Gesundheit und Krankenversicherung
- Ausrüstung und Sonstiges

Flüge suchen und finden

- **MOMONDO.de** - Meine meistgenutzte und bevorzugte Flugsuchmaschine. Schön übersichtlich mit Preisdiagramm und der Möglichkeit nach Gabelflügen zu suchen.

- **SKYSCANNER.de** - Meine zweite Wahl, die ich meist parallel zu Momondo nutze. Hier kann man leider (noch) keine Gabelflüge suchen. Allerdings hat Skyscanner einige weitere Features, vor allem für Flexible. Z.B. nach Flugdaten über einen bestimmten Zeitraum suchen oder die landesweite Suche nach dem günstigsten Abflughafen und vieles mehr.

- **KAYAK.de** - Wer auf Nummer sicher gehen will, kann als dritte Alternative auch die Flugsuchmaschine Kayak nutzen, welche bei meinen Versuchen stets gute Ergebnisse ausgespuckt hat. Hier ist, wie bei Momondo, auch die Suche nach Gabelflügen möglich.

- **URLAUBSPIRATEN.de** - In der Flüge Sektion bei Urlaubspiraten lassen sich ab und zu besondere Schnäppchen finden. Gezielt nach Urlaubsziel und Zeitraum zu filtern ist dabei eher schwierig, aber wer einigermaßen flexibel oder ggf. offen für verschiedenste Urlaubsziele ist, kann hier fündig werden

- **URLAUBSGURU.de** - Im Grunde das Selbe wie Urlaubspiraten, nur etwas kleiner und nicht so bekannt, wie die Konkurrenz. Dennoch einen Blick wert.

- **TRIPDOO.de** - Tripdoo scheint noch ein wenig spezialisierter auf "Error fares"(fehlerhafter Preis im System der Airline) zu sein, wie die anderen beiden genannten. Jedenfalls sehen die Schnäppchen auf Tripdoo nicht schlecht aus. Man muss nur eben schnell sein, da gerade Error Fares schnell weg sind.

- **FLIGHTFOX.com**: Portal, um eine gewünschte Flugverbindung gegen Gebühr von Experten finden zu lassen. Kann sich insbesondere bei entfernten Flugzielen lohnen und im Gegensatz zur normalen Flugsuche Geld sparen.

Hotels und Unterkünfte

- **BOOKING.com** - Das Portal mit einer der größten Datenbanken an Hotels weltweit, zu einem guten Preis. Ich benutze booking.com bevorzugt und am häufigsten, da es übersichtlich ist, unkompliziert funktioniert und eine sehr gute Auswahl an Hotels hat.

- **EXPEDIA.de** - Expedia habe ich vor allem in den USA als Alternative zu booking.com genutzt, da es dort eine ganz gute Auswahl gab und in wenigen Fällen das Hotel hier günstiger war. Allerdings ist die Auswahl in manchen Ländern auch sehr eingeschränkt.

- **AGODA.com** - Ist von der Übersichtlichkeit und der Bedienung nicht so gut, wie die anderen beiden Portale. Insbesondere in Asien gibt es auf Agoda aber eine große Auswahl an Hotels und es lohnt sich oftmals ein Blick.

- **HOSTELBOOKERS.de** - Eines der 2 großen Portale, um eine günstige Unterkunft, bzw. ein Hostel weltweit zu finden.

- **HOSTELWORLD.com** - Das zweite Portal für Hostels, welches ich empfehlen kann und eigentlich immer parallel zu Hostelbookers nutze.

- **AIRBNB.de (Link mit 25€-Gutschein: http://bit.ly/airbnb-rabatt)** - Private Gastgeber vermieten ihre Wohnungen oder Häuser. Eine etwas andere, aber meist kostengünstige und interessante Möglichkeit zu übernachten.

- **9FLATS.com** - Im Grunde das gleiche Prinzip wie AirBnB.

- **WIMDU.de** - Eine weitere Plattform wie 9Flats, aber mit ein wenig mehr Auswahl.

- **COUCHSURFING.com** - Eine alternative und sehr interessante Möglichkeit, kostenlos bei Einheimischen zu übernachten. Hier geht es neben dem Schlafplatz aber natürlich vor allem auch um den sozialen Aspekt und der Möglichkeit, das Leben gleichgesinnter "locals" ein wenig kennenzulernen. Mittlerweile über 10 Millionen Profile.

Mietwagen und mehr

- **CHECK24.de:** Der Mietwagenvergleich von Check24 kann sich inzwischen wirklich sehen lassen und löst für mich sogar

mittlerweile billiger-mietwagen.de ab.
Zum Einen, weil die Suchergebnisse mindestens genauso gut sind. Zum Anderen hat Check24 ein sehr schönes Bonussystem, wodurch man eigentlich bei jeder Buchung einen 10€-Gutschein oder mehr einlösen kann und bei fast jeder Buchung wieder einen bekommt, den man z.B. auch für Hotelbuchungen anwenden kann. Bei meiner letzten Buchung hatte ich zusätzlich sogar einen 20€ Shopping Gutschein bekommen, den ich für ein paar Kleinigkeiten wie Micro-SD Karte usw. einlösen konnte, welche somit geschenkt war (Mindestbestellwert war 20€). Daher buche ich eigentlich nur noch über Check24 meinen Mietwagen.

- **BILLIGER-MIETWAGEN.de:** Meine bisher bevorzugte Mietwagensuchmaschine, mit guten Filtermöglichkeiten und einer stets guten Auswahl an Mietwagen für jeden Geschmack. Außer in den USA habe ich billiger-mietwagen.de eigentlich für alle Länder weltweit, in denen ich auf der Suche nach einem Leihwagen bin, genutzt. Mittlerweile nutze ich aber in der Regel Check24 (s. oben).

- **FLIXBUS.de**: Seitdem sich meinFernbus und Flixbus zusammengeschlossen haben, bietet Flixbus eine Reihe von günstigen Busverbindungen, insbesondere innerhalb Deutschlands. In das europäische Ausland gibt es auch schon Verbindungen; das Netz befindet sich teilweise aber noch in der Ausbauphase. Für innerdeutsche Städtetrips oder wenn man z.B. nicht am Heimatflughafen losfliegt, daher sehr gut geeignet, um günstig zu reisen.

- **BUSLINIENSUCHE.de:** Eine gute Seite, um insbesondere bei europäischen Fernbus-Verbindungen das günstigste Angebot zu finden. Leider kann man hier keine Hin/Rückfahrt-Suche machen, daher etwas umständlich. Dennoch hat es mir, im Vergleich zu anderen Seiten, die besten Ergebnisse ausgegeben.

- **GoEuro.de:** Ein Portal, welches sämtliche Transportmittel

(Bus, Bahn, Flug, etc.) miteinander vergleicht und versucht, die günstigste Route zu einem Reiseziel zu finden. Sehr praktisch, da man vor allem auch die preisliche Differenz zwischen Flug und Bus sieht. In manchen Fällen ist der Flug beispielsweise nur geringfügig teurer.

Infos zu Reiseländern und Reisezielen vor Ort

- **TRIPADVISOR.de:** Mittlerweile schon sehr bekannt und überall genutzt. Die Seite, bzw. auch Smartphone-App, bietet zu nahezu jedem Reiseziel, Sehenswürdigkeit oder Hotel einen Eintrag mit Erfahrungsberichten, Bewertungen und Infos. Sehr nützlich, wenn man sich z.B. nicht sicher ist, ob man eine bestimmte Sehenswürdigkeit ansehen oder einen bestimmten Ausflug o.ä. machen soll.

- **PRICEOFTRAVEL.com/world-cities-by-price-backpacker-index/:** Mit dem Backpackerindex auf dieser Seite kann man ganz gut einschätzen, wie hoch ein low-Budget-Trip im jeweiligen Land bzw. der jeweiligen Stadt wird. Zürich gilt in dieser Liste übrigens als teuerste Stadt für Backpacker.

- **AUSWÄRTIGES-AMT.de:** Reise-und Sicherheitshinweise des Auswärtigen Amtes von A-Z

- **WIKITRAVEL.org**: Nach dem Wikipedia-Prinzip sind hier sämtliche Informationen zu Reisezielen und Sehenswürdigkeiten vorhanden. Die Datenbank füllt sich stetig und kann von jedem erweitert werden.

- **KRIMINALITÄT(http://www.numbeo.com/crime/rankings_by_country.jsp)**: Kriminalitätsindex nach Ländern

- **REISEZEITEN(http://weltreise-info.de/route/reisezeiten.html)**: Eine Kurzinfo zur besten Reisezeit zum jeweils gewünschten Reiseziel

- **GOOGLE MAPS.de:** Die ganze Welt als digitale Karte. Benutze ich besonders häufig, sowohl zur Routenplanung zuhause, als auch zur Navigation vor Ort. Und für vieles mehr.

Reisepartner und Leute unterwegs treffen

- **JOINMYTRIP.de**: Eine der größten Börsen, um Reisepartner aus Deutschland zu finden. Hier liegt der Fokus darauf, Reisen im Voraus zu planen und dafür die richtige Begleitung zu finden. Die meisten Mitglieder sind zwischen 20 und 30.

- **URLAUBSPARTNER.net**: Dieses Portal dient dem gleichen Zweck wie joinmytrip und hat sogar noch ein wenig mehr Mitglieder. Hier sind alle Altersgruppen vertreten.

- **REISEPARTNER-GESUCHT.de**: Dieses etwas kleiner Portal dient quasi zur Ergänzung.

- **COUCHSURFING.com - Meetings**: Couchsurfing.com ist mittlerweile ein großes Netzwerk. Daher werden insbesondere in größeren Städten regelmäßig Veranstaltungen/Treffen/Partys/Unternehmungen veranstaltet, zu denen sowohl Reisende, als auch "locals" willkommen sind und teilnehmen. Außerdem gibt es zum Beispiel die Möglichkeit, in der Rubrik "Diskussionen" einen Beitrag zur aktuell besuchten Stadt schreiben um z.B. zu fragen, ob sich jemand treffen bzw. etwas unternehmen will oder sogar ein Stück mitreisen möchte. Klappt durchaus.

- **MEETUP.com:** eine international ausgerichtete Seite, um

Treffen zu organisieren zu verschiedensten "Themen".

- **FACEBOOK.com**: Auf Facebook gibt es mittlerweile schon relativ viele Gruppen, die das Ziel haben, sich untereinander zu treffen. Neben Reisepartner-Gruppen gibt es auch Gruppen für Reisende, die gerade in einem Reiseziel unterwegs sind und vieles mehr. Einfach mal suchen.

Finanzielles

- **FINANZEN100.de** Um zu wissen, was die Fremdwährung in Euro wert ist und wie sich der Kurs entwickelt, nutze ich den Währungsrechner von Finanzen100. Passend zur Website gibt es auch eine praktische Smartphone-App

- **Santander 1Plus Kreditkarte (VISA):** Die mittlerweile beste Kreditkarte zum Verreisen weltweit (kostenlos Geld abheben im weltweiten Ausland, keine Fremdwährungsgebühren, Tankrabatt, usw. (Link: http://bit.ly/santander-karte)

- **PAYVIP Kreditkarte (Mastercard):** Neben der Santander die beste Kreditkarte zur Nutzung im Ausland mit Fremdwährung (keine Auslandseinsatzgebühr). Außerdem gibt's ein paar weitere nette Features (Link: http://bit.ly/advanzia-karte)

- **WESTERNUNION.com**: Wenn im Ausland alles schief geht und man mit eigenen Mitteln an kein Geld mehr kommt.

Digitales und Elektronik

- **DROPBOX.com**: Bekannter und zuverlässiger Cloud Service um alle Dateien zu sichern und überall darauf zugreifen zu

können. Ich nutze dies, um unterwegs Fotos als Backup hochzuladen oder vor der Reise wichtige Dokumente dort zu lagern, auf die ich dann vor Ort zugreifen kann. Kostenlos sind generell 2 GB Speicherplatz verfügbar.
Alternativ kann man z.B. auch Google Drive nutzen.

- **SKYPE.com**: Zum kostenlosen kommunizieren (Audio oder Video) in die Heimat

- **GOOGLE MAPS - App:** Nutze ich oft, um zu sehen, wo ich bin, bzw. zum Navigieren. Im Voraus kann man sich die Karten aus einem gewünschten Gebiet auch als "Offline-Karte" aufs Smartphone laden, sodass man vor Ort auch ohne mobile Datenverbindung zurecht kommt.

- **WAZE (App)**: Alternative zu Google Maps

- **MAPS.ME:** Offline-Karten inkl. Offline Navigation für Mobilgeräte

- **GOOGLE TRANSLATE - App:** Schöne Übersetzungs-App direkt von Google. Bestimmte Sprachpakete kann man auch zur Offline-Nutzung herunterladen.
- Außerdem gibt es zu fast allen der hier vorgestellten Seiten eine zugehörige App, die ich jeweils häufig nutze (z.B. die App zu Hostelbookers, Tripadvisor, Couchsurfing, usw.

- **EVERNOTE.com**: Für Notizen oder z.B. für Reisepläne. Umfangreiche App (bzw. Website)

- **PHOTOSHOP**: Die umfangreichste Bildbearbeitungssoftware. Die meisten Anwender benötigen eigentlich nicht den vollen Umfang. Es gibt daher auch die "Elements"-Version. Studenten/Schüler erhalten Rabatte. Ich benutze ausschließlich Photoshop um meine Urlaubsbilder im Nachhinein zu bearbeiten.

- **SIMLYSTORE.com:** Prepaid Sim-Karten fürs Ausland bereits im Voraus bestellen und nach Hause liefern lassen. Inklusive Aktivierungsservice und andere Dienste für eine komfortable Möglichkeit, mobiles Internet/Freiminuten im Ausland zu nutzen.

- **ADAPTARIO.com**: Web-App um schnell und übersichtlich zu sehen, welche Steckdosen im gewünschten Reiseland verwendet werden und ob bzw. welchen Adapter man benötigt.

Gesundheit und Krankenversicherung

- **HANSEMERKUR.de**: Meine Wahl für Langzeit-Auslandskrankenversicherungen (außer USA). Guter Schutz und die mitunter günstigsten Konditionen.

- **ADAC.de**: Eine gute Wahl als Auslandskrankenversicherung für einen längeren Aufenthalt in den USA

- **DEBEKA.de**: Meine Wahl als Auslandskrankenversicherung für einen Auslandsaufenthalt bis 10 Wochen.

- **AUSWÄRTIGES AMT zu Gesundheit**: Hier gibt es umfangreiche Informationen zur Gesundheit, Vorsorge und Sicherheit im Ausland

- **IMPFUNGEN**: Das "Centrum für Reisemedizin" (http://bit.ly/impfungen-crm) bietet einen schönen Überblick über Länder von A-Z und deren Impfvorschriften, bzw. den empfohlenen Impfungen in den jeweiligen Ländern.

Ausrüstung und Sonstiges

- **KOFFERFUCHS.de**: Wer einen neuen Koffer für seine nächste Reise benötigt, findet auf Kofferfuchs.de einen sehr ausführlichen und übersichtlichen **Reisekoffer Test**. Egal ob klein oder groß, Hartschalenkoffer oder Business Trolley. Hier wird jeder Koffer-Bedarf gedeckt.

- **GROUPON.com**: Für schöne Schnäppchen, sowohl in Deutschland, als auch in aller Welt, bieten Anbieter auf Groupon sogenannte "Coupons" für ihre Dienstleistungen, Restaurants, Aktivitäten, etc. Zum Beispiel gibt es häufig 50% Rabatt auf einen Restaurantbesuch. Ich persönlich habe zum Beispiel schon viel Geld gespart bei Helikopterflügen in New York, Club Crawls in Las Vegas oder Restaurantbesuchen in aller Welt. Lohnt sich hier immer, mal reinzuschauen.

- **LIVINGSOCIAL.com**: Selbes Prinzip wie Groupon, allerdings auf die USA beschränkt. Auch hier habe ich allerdings schon gut sparen können.

Kurzes Schlusswort

Ich hoffe dieser Reiseführer hat dir bei deiner Reiseplanung geholfen, inspiriert und motiviert, deine Reise nach Vietnam zu starten.
Daher wünsche ich dir nun viel Spaß bei der weiteren Planung und auf deiner Reise durch dieses wunderschöne Land!

Link zum PDF-Download des Reiseführers: http://bit.ly/vietnam-pdf

Impressum

Robin Runck
Geißäckerstraße 46
90768 Fürth

Tag der 1. Veröffentlichung: 11.12.2019

Druck:
Amazon Media EU S.à r.l., 5 Rue Plaetis, L-2338, Luxembourg

Printed in Poland
by Amazon Fulfillment
Poland Sp. z o.o., Wrocław

53597108R00076